Eberha

Köstlichkeiten aus der Donauebene

Großmutters Rezepte für schmackhafte Mahlzeiten

Kochbuch

Umschlaggestaltung: Eberhard De Wille
Die Verwendung der Landkarte für den Umschlag wurde freundlicherweise
genehmigt von: Eötvös Loránd University, Department of Cartography,
H-1117 Budapest, Pázmány Péter sétány 1/A, Ungarn
Die Karte ist unter http://lazarus.elte.hu/hun/maps/1910/bacsbod.jpg im Internet
zu finden.

Die im Buchblock enthaltenen Bilder sind Kohlezeichnungen von Susanne
De Wille und wurden eigens für dieses Buch angefertigt.

Herstellung des Buches durch: Libri Books on Demand

Printed in Germany, ISBN 3-8311-1276-2

Für meine Großmutter, meine Mutter und meine Ehefrau als Anerkennung für ihre Mühe, ihren Lieben ein Heim zu gestalten.

Vorwort

Die Kunst des Kochens habe ich mir mit großer Begeisterung bei meinen Eltern und bei meinen Großeltern abgeschaut. Sie waren Teil der deutschstämmigen Bevölkerung, die bis 1945 in der ungarischen und serbischen Donauebene ansässig war. In die bodenständige, schwäbische Küche meiner Vorfahren sind dort während der vergangenen Jahrhunderte auch viele ungarische und serbische Elemente eingeflossen und machen sie so zu einer der schmackhaftesten Küchen Europas. Die Rezepte, die mir von meinen Eltern und Großeltern übermittelt wurden, sind deshalb gewissermaßen ein Kulturgut dieser ehemals deutschen Enklave und werden in diesem Kochbuch wiedergegeben. Aber es geht mir nicht nur um die Bewahrung eines Kulturguts, sondern es ist schlicht und ergreifend sehr delikat was Großmutter damals gekocht hat!

Die hier beschriebenen Rezepte sind für eine Abmagerungskur wahrscheinlich weniger geeignet. Das Problem dabei dürfte allerdings nicht sein daß diese Speisen etwas gehaltvoller sind als die der modernen Küche, sondern daß sie so gut schmecken, daß es die allerwenigsten schaffen, sich nur mit einer Portion zu begnügen. Schieben Sie also nicht mir die Schuld in die Schuhe, wenn sich bei Ihnen durch den Gebrauch dieses Kochbuchs etwas Speck auf den Rippen sammelt! Auf die Idee, dieses Buch zu schreiben bin ich letztendlich dadurch gekommen, daß sich fast jeder, der bei uns Gulasch gegessen hat, lobend bis begeistert geäußert hat und unbedingt die Geheimnisse des Rezepts ergründen wollte. Hier also ist Großmutters Rezept für Gulasch, sowie noch an die hundert andere Leckereien. Gutes Gelingen und guten Appetit!

Meine Großeltern und mein Vater kamen gegen Ende des 2. Weltkriegs aus einem Städtchen Namens Werbass / Serbien nach Deutschland. Sie gehörten zur deutschstämmigen Bevölkerung, die 1945 aus ihrer Heimat vertrieben wurde. Diese Leute waren meistens einfache Bauern und Handwerker aus dem süddeutschen Raum sowie aus dem Elsaß und Lothringen, die Mitte des 18. Jahrhunderts von Kaiserin Maria Theresia in der Donauebene angesiedelt wurden. Sie sollten diese durch die Türkenkriege entvölkerten Landstriche Ungarns und Serbiens wieder urbar machen. Das Zusammenleben mit den anderssprachigen Nachbarn war lange Zeit friedlich und von Toleranz geprägt und wurde erst durch die Kriegswirren zerschlagen. Deshalb verwundert es nicht, daß die bodenständige, schwäbische Küche meiner Vorfahren um österreichische, ungarische, serbische und rumänische Elemente angereichert wurde, die ihr eine ganz besondere Note verleihen.

Fast jeder hatte damals Felder oder zumindest einen Garten, in dem Gurken, Tomaten, Kürbis und Papkrika sowie viele Kräuter angebaut wurden. Viele hatten Geflügel oder gar ein Schwein zum mästen oder konnten es sich problemlos und billig auf den Märkten beschaffen. Die Landschaft ist zwar optisch weniger reizvoll als z.B. die deutschen Mittelgebirge, bietet aber ein ungleich größeres Repertoire an frischem, aromatischem Gemüse und Fleisch sowie an Kräutern und Gewürzen. Das Klima ist wesentlich wärmer als in Deutschland und die Böden sind besonders fruchtbar. Kein Wunder, daß man unter diesen Randbedingungen sehr hochwertige Zutaten zur Verfügung hatte, wie man sie heute nur noch selten auf den Märkten finden kann. Dazu kam der "Mut zur Würze", den die Siedler von ihren ungarischen und serbischen Nachbarn übernommen haben. Ich kann mich noch daran erinnern, daß mir als kleiner Junge das Essen bei meinen Großeltern immer besonders gut ge- schmeckt hat. Es war wohl der frische Dill im Gurkensalat, der Paprika am Hähnchen oder gar die gefüllten Paprikaschoten an sich, die zu dieser Zeit in Deutschland nahezu unbekannt waren, die bei mir diesen Eindruck hinterlassen haben. Das Essen war wohlschmeckend, würzig und aromatisch aber keines- wegs scharf oder gar knoblauchlastig. Selbst für mich als Kind war dieses Essen ein Genuß!

Die Angaben in den Rezepten sind in Tabellenform aufbereitet. Durch einen senkrechten Strich getrennt, stehen links die Zutaten und rechts daneben der zugehörige Arbeitsablauf. Dadurch kann man sich durch einen Blick auf die linke Zutatenspalte vergewissern, daß alles in genügender Menge im Haus ist. Beim eigentlichen Kochen kann man dann Zutat für Zutat nehmen bzw. abwie- gen und den rechts beschriebenen Arbeitsschritt durchführen. Die Zutaten sind dazu auch in der richtigen Reihenfolge aufgelistet. In der Industrie haben sich ähnliche Arbeitsabläufe seit Jahrzehnten bewährt. Warum sollte man es dann nicht einmal in einem Kochbuch genau so machen? Außerdem haben mich persönlich viele Kochbücher genervt, in denen man vom Text, der den Arbeitsablauf beschreibt, immer wieder in die Tabelle gehen muß um ihr die richtige Menge einer Zutat zu entnehmen, nur um dann festzustellen, daß man im Text wieder einmal den Faden verloren hat. Die hier beschriebenen Rezepte erfordern einiges an Planung und Zeit. Die Zeit teilt sich jedoch meistens in eine relativ kurze Zubereitungsphase und eine lange Kochphase auf kleiner Kochstufe auf. D.h. die meisten Mahlzeiten brauchen zwar 2 Stunden zum zubereiten aber erfordern nur eine halbe Stunde Arbeit in der Küche. Die Zuta- ten sind meist einfach und nur wenige pro Gericht. Der besondere Geschmack wird durch die Kombination der Zutaten erreicht, das lange Kochen auf niedriger Stufe und nicht zuletzt dadurch, daß sie frisch und hochwertig sind.

Suppen und Eintöpfe

Appetithäppchen und andere Vorspeisen waren in der Donauebene nahezu unbekannt. Eine Mahlzeit wurde normalerweise mit einer kräftigen Suppe begonnen, die frisch aus Hähnchen- oder Rindfleisch gekocht wurde. Daraus ließen sich einige Liter Fleischbrühe für mehrere Suppenmahlzeiten zubereiten. Das gekochte Fleisch wurde dann in der Regel anschließend an die Suppe serviert. Mein Großvater hat wohl zu den meisten seiner Mittagsmahlzeiten Suppe gegessen. Dazu ein frisches knuspriges Stück Weißbrot, und die Welt war in Ordnung.

Eine von Grund auf selbst gekochte Suppe ist auch etwas unvergleichlich Gutes. Nach schwerer körperlicher Arbeit, oder wenn man durchgefroren aus der Kälte kommt, weckt sie einem die Lebensgeister neu. Eine Suppe kann so reichhaltig gestaltet sein, daß sie auch als eigenständige Mahlzeit dient. Als Nachtisch einen Pfannkuchen oder ein Stück Mohnstrudel rundet die Sache ab. In den hier beschriebenen Rezepten ist beides zu finden. Die leichtere Suppe, die als Vorspeise bei einer festlichen Mahlzeit dient, sowie die deftigen Eintopfgerichte, die nach abgeschlossener Arbeit so richtig Leib und Seele zusammen halten.

Hühnerbrühe

Kaum jemand hat heute noch Muße, eine Hühnerbrühe selbst zuzubereiten. Sie sollten es aber trotzdem einmal versuchen - es schmeckt anders als Instantbrühe und man hat zugleich das Hühnerfleisch, aus dem man deftige Eintöpfe oder andere Gerichte zaubern kann.
Früher war es noch verbreitet, daß man sich ein paar Hühner hielt oder sich beim Geflügelhändler ein frisches Huhn besorgen konnte. Natürlich kann man auch aus Tiefkühlware eine ordentliche Hühnersuppe zubereiten, aber nehmen Sie die Gelegenheit wahr, wenn sie ein frisches Huhn ergattern können!
Diese Hühnerbrühe ist die Grundlage für viele der hier beschriebenen Suppen und Eintöpfe. Sie kann problemlos 2-3 Tage im Kühlschrank aufbewahrt werden oder man kann sie portionsweise einfrieren. Dabei sollte man jedoch darauf achten, daß man die Gefäße nur zu ¾ füllt, da sich die Brühe beim gefrieren ausdehnt.

1	großes Suppenhuhn	putzen, waschen und in einen Topf geben.
5	ganze Karotten	werden mit einer Bürste geschrubbt und in den Topf gelegt.
1	Petersilienwurzel	wird sauber geschrubbt und in den Topf gelegt.
2	Zwiebeln	waschen und mit der Schale verwenden.
2	Gewürznelken	in die Zwiebeln stecken und diese in den Topf legen.
1/8	Sellerieknolle	wird sauber geschrubbt. Bei einer kleinen Knolle kann es auch etwas mehr als 1/8 sein. Ist keine Knolle zur Hand, kann auch Stangensellerie verwendet werden (ca. 2 Stangen).
1	große Tomate	waschen und in den Topf legen.
2 TL	Salz	in den Topf geben.
¼ TL	Pfeffer	in den Topf geben.
1	Prise Muskatnuß	in den Topf geben.
3-4	Liter Wasser	in den Topf gießen.

Ein Suppenhuhn kann unter Umständen sehr fett sein. Wenn Sie nicht so viel Fett mögen, sollten Sie beim Putzen deshalb so viel sichtbares Fett wie möglich aus dem Inneren des Huhns entfernen. Sämtliche Zutaten werden in einem großen Topf zum Kochen aufgesetzt. Den Schaum, der sich eventuell bildet, sollte man nach dem ersten Aufkochen abschöpfen. Die Suppe wird dann auf kleiner Flamme geköchelt, bis das Suppenhuhn weich ist. Das dauert normalerweise 2-3 Stunden. Die Hühnerbrühe wird dann durch ein Sieb abgegossen und dient dann als Grundlage für alle klare Suppen. Das verkochte Suppengemüse sollte weggeworfen werden.

Besonders lecker ist es, diese Brühe mit Leberknödeln oder Grießnockerln zu servieren. Das Suppenhuhn kann dann zerlegt und mit Nudeln oder Knödeln und Tomatensoße als Hauptgang serviert werden.

Hühnereintopf mit Nudeln

Dieser Eintopf ist der absolute Spitzenreiter in meiner Familie. Es ist bei uns fast schon Tradition, am Silvesterabend mit einigen Freunden eine ausgedehnte Nachtwanderung zu machen. Wenn man zurück kommt, wird dann der heiße Eintopf serviert, der einem so richtig die Kälte aus den Knochen treibt. Auch so manch anderer Winterabend wird bei uns mit diesem Eintopf beendet. Er ist deftig und wirklich lecker! Diese Mahlzeit wird garantiert das Lob aller ernten, die daran teilgenommen haben!

2½	Liter Hühnerbrühe	wird in einen Topf gegeben.
1	Suppenhuhn	, das zum Kochen der Hühnerbrühe verwendet wurde, wird von den Knochen gelöst und in die Brühe gegeben.
500g	Bandnudeln	werden separat in Salzwasser gekocht, abgegossen und in die Brühe gegeben.
300g	Zuckermais	Körner aus der Dose werden zuerst abgetropft und dann in die Brühe gegeben, Tiefkühlware kann gefroren direkt in die Brühe gegeben werden.

Wenn alle Zutaten in der Brühe sind, wird sie nochmals kurz zum Kochen gebracht und die Suppe sofort heiß serviert!

Rindfleischsuppe

4 bis 6 Portionen

Ebenfalls für den Winter gut geeignet ist die hier beschriebene Rindfleisch-suppe. Die Zutaten, die zum Kochen der Brühe verwendet werden, können zusätzlich dann als Hauptgang gegessen werden. Die Suppe kocht insgesamt etwa 3 Stunden, aber die eigentliche Zubereitung ist einfach und nicht sonderlich arbeitsintensiv. Mit wenig Aufwand erhält man eine köstliche Mahlzeit mit 3 Gängen, wenn man zuletzt z.b. noch einen Apfelstrudel serviert.

1kg	Suppenfleisch (Rind)	wird in einem großen Topf von allen Seiten scharf angebraten. Mit
2½	Liter Wasser	das Fleisch ablöschen und zum Kochen bringen. Den Schaum dann abschöpfen.
2 TL	Salz	in die Brühe geben.
10	Pfefferkörner	in die Brühe geben und mit dem Fleisch 1 Stunde auf kleiner Flamme kochen. Während dieser Zeit wird das Gemüse wie folgt vorbereitet:
1	Tomate	waschen, vierteln und in die Brühe legen.
6	ganze Karotten	schälen und in die Brühe legen.
¼	Sellerieknolle	schälen und in die Brühe legen.
3	Petersilienwurzeln	schälen, halbieren, das Grün sauber waschen und alles in die Brühe legen.
3	Zwiebeln	schälen und waschen.
3	Gewürznelken	die Zwiebeln werden mit den Gewürznelken gespickt und in die Brühe gelegt. Die Suppe wird dann ca. 2 Stunden auf kleiner Flamme gekocht.
4	große Kartoffeln	werden geschält und halbiert.
1-2	Kohlrabi	werden geschält und geviertelt. Die Kartoffeln und der Kohlrabi werden erst für die letzte Stunde der Suppe beigegeben.

Sie können auch, wenn Sie welche bekommen, einige Suppenknochen mit dem Fleisch anbraten und mitkochen. Nachdem die Suppe fertig ist, werden die Knochen dann weggeworfen. Als Kinder haben wir die ausgekochten Knochen darauf hin untersucht, ob sie Mark enthielten. Noch heiß auf frisches Weißbrot gestrichen und mit etwas Salz gewürzt, ist das etwas besonders Leckeres! Sie können, wenn Sie das Suppenfleisch nicht als Mahlzeit brauchen, ersatzweise nur Suppenknochen verwenden. Dazu sollten Sie dann jedoch ca. 1½kg Knochen nehmen und diese scharf anbraten. Den Kohlrabi und die Kartoffeln kann man dann auch weglassen.

Die Suppe wird, sobald sie fertig gekocht ist, durch ein Sieb gegossen und mit Suppennudeln, Leberklößchen oder anderen Einlagen nach Belieben serviert. Das Fleisch wird in Scheiben geschnitten und mit dem gekochten Gemüse auf einer Platte angerichtet. Dazu serviert man frisches Weißbrot mit einer guten Kruste und eine delikate Soße wie z.B. Meerrettichsoße, Dillsoße oder Tomatensoße.

Krautsuppe

4 bis 6 Portionen

Früher war es üblich, Fleisch durch räuchern zu konservieren, da es noch keine Kühlschränke gab. Mit diesem Räucherspeck konnte man allerhand anfangen. Frisches Rauchfleisch aß man zu herzhaften Brotzeiten, trocken gewordenes Rauchfleisch und Schwarten konnte man zu leckeren Suppen verarbeiten. Das Rauchfleisch wird dazu in feine Scheiben geschnitten. Es wird durch den Kochvorgang wieder weich und lecker. Außerdem gibt es der Suppe eine besondere Geschmacksnote. Schwarten können mit angebraten und dann mitgekocht werden. Vor dem Servieren werden sie entfernt.

100g Räucherspeck	fein schneiden und in einem erhitzten Topf anbraten.
2 Zwiebeln	schälen und fein schneiden und dem brutzelnden Speck zugeben.
1 kleinen Weißkrautkopf	in feine Streifen schneiden und in den Topf geben. Den Strunk weglassen! Das Kraut wird mit dem Speck und den Zwiebeln etwas angedünstet.
2 Knoblauchzehen	mit der Knoblauchpresse zerdrücken und in den Topf geben.
2 Dosen Tomaten (je 450ml)	in den Topf geben.
4 Pfefferkörner	in den Topf geben.
1 Lorbeerblatt	in den Topf geben.
2 Gewürznelken	in den Topf geben.
2 Liter Fleischbrühe	in den Topf gießen.
2 große Kartoffeln	schälen, in Würfel schneiden und in den Topf geben.

Die Brühe wird zum Kochen gebracht und ca. 1½ Stunden bei kleiner Flamme geköchelt. Die Kartoffeln müßten dann weich bzw. schon am zerfallen sein. Nach Geschmack Salz zugeben. Wenn überhaupt, sollte dazu nicht viel Salz notwendig sein, da die Fleischbrühe und der Räucherspeck bereits gesalzen sind. Mit einem Eßlöffel Sauerrahm pro Portion verfeinert, und mit frischem knuspigem Weißbrot serviert, haben Sie eine herzhafte Mahlzeit für kalte Herbstabende.

Erbsensuppe

6 Portionen

Früher war die Versorgung mit frischem Gemüse nicht durch Importe gesichert. Man mußte sein Gemüse selbst lagern. Im Frühjahr war dann eine besonders versorgungsarme Zeit. Kraut, Kürbis und Tomaten waren nur noch als selbstgemachte Konserven vorhanden. In den meisten Kellern war jedoch eine Miete, in der in feuchtem Sand aufbewahrtes Wurzelgemüse zu finden war. Kartoffeln und Zwiebeln waren ebenfalls vorhanden. Den Ernteüberschuß an Erbsen hatte man im letzten Sommer getrocknet, um sie als Dauerkonserven zur Verfügung zu haben. Das geschlachtete Schwein war teilweise als Rauchfleisch konserviert. Das zeitige Frühjahr war also Erbsensuppenzeit. Aus diesen "Konserven" läßt sich jedoch eine hervorragende, herzhafte Suppe zubereiten, die Sie unbedingt einmal versuchen sollten!

500g	getrocknete Erbsen	waschen, abtropfen lassen und in den Topf geben.
100g	Räucherspeck	in feine Streifen schneiden und in den Topf geben.
1	große Zwiebel	schälen, fein schneiden und in den Topf geben.
4	Karotten	schälen, in Scheiben schneiden und in den Topf geben.
¼	Sellerieknolle	schälen, fein würfeln und in den Topf geben.
1	Petersilienwurzel	schälen, fein würfeln und in den Topf geben.
4 EL	Petersiliengrün	waschen, hacken und in den Topf geben.
1	Lorbeerblatt	in den Topf geben.
2	Gewürznelken	in den Topf geben.
4	Pfefferkörner	in den Topf geben.
3	Liter Wasser	in den Topf gießen.

Die Suppe wird dann aufgekocht, auf kleine Flamme zurückgeschaltet und ca. 2 Stunden geköchelt, bis die Erbsen gar sind und zerfallen. Sie muß dann dick wie Erbsenbrei sein und sollte auf jeden Fall so lange weitergekocht werden, bis sie dick genug ist. Wenn man will, kann man auch beim Aufsetzen gleich ca. 50g Buchweizen, Gerste oder Bulgur zufügen und mitkochen. Die heiße Suppe abschmecken und mit frischem, knusprigem Weißbrot servieren!

Linsensuppe

6 Portionen

Eine andere Wintersuppe ist diese herzhafte Linsensuppe. Sie eignet sich eher als eigenständige Mahlzeit, und weniger als Vorspeise. Es ist ein dicker Linseneintopf, wie er auch jetzt noch in ähnlicher Weise in Schwaben verbreitet ist. Man kann dazu entweder knuspriges Weißbrot reichen, oder Nockerln, Spätzle bzw. Nudeln. Heiß serviert ist es eine wunderbare Mahlzeit, die auch bei Kindern sehr beliebt ist.

4 EL	Schweineschmalz	werden in einem Suppentopf erhitzt.
2	Zwiebeln	schälen, fein schneiden und im Fett anbraten.
2	Karotten	schälen, in Scheiben schneiden und im Fett anbraten.
1	Petersilienwurzel	schälen, würfeln und mit anbraten.
¼	Sellerieknolle	schälen, würfeln und mit anbraten.
2 Liter	Wasser	in den Topf gießen und das Gemüse ablöschen. Die Zwiebeln sollten glasig sein.
500g	getrocknete Linsen	in den Topf geben.
1 TL	Salz	in den Topf geben.
2	Lorbeerblätter	in den Topf geben.
3	Gewürznelken	in den Topf geben.
1	große Kartoffel	schälen und in den Topf reiben. Von
500g	Paprikawurst	die Haut mit einer Gabel mehrfach anstechen, in den Topf legen und mit dem Gemüse ca. 1 bis 1½ Stunden auf kleiner Flamme kochen. Die Linsen müssen auf jeden Fall weich sein, sollen aber nicht zerfallen!
2 EL	Essig	zum Abschmecken in den Eintopf geben und eventuell etwas nachsalzen

Wenn Sie keine ungarischen Paprikawürste bekommen, können Sie auch Debreziner Würste oder Cabanossi verwenden. Sie sind der ungarischen Paprikawurst noch am ähnlichsten. Sie können auch Räucherspeck verwenden, wodurch der Eintopf allerdings eine ganz andere Geschmacksnote bekommt. Die schwäbische Variante ist, nur wenig Räucherspeck (ca. 150g) zu verwenden und dann am Ende der Kochzeit im Eintopf je nach Anzahl der Personen einige Wiener Würste (oft auch als Saitenwürste bzw. Frankfurter Würste bezeichnet) zu erhitzen.

Tomatensuppe

4 bis 6 Portionen

Diese leckere Suppe ist als Vorspeise zu einer normalen Mahlzeit geeignet oder man kann aus ihr ein komplettes Essen zaubern, wenn man anschließend z.B. Pfannkuchen mit Marmelade serviert.
Ende August reifen die Tomaten. Wer eigene Stöcke im Garten stehen hat, weiß das Aroma der selbst angebauten Früchte zu schätzen. In der Hauptreifezeit muß nun mit der Ernte etwas angefangen werden. Diese Ernteüberschüsse wurden früher gerne eingekocht und standen so den ganzen Winter über zur Verfügung, um damit Tomatensuppe oder Tomatensoße zuzubereiten. Hat man diese herrlichen Früchte nicht im eigenen Garten, kann man sich auch mit Dosentomaten behelfen. Sollten Sie aber eigene Tomaten haben, lohnt es sich durchaus, des besonderen Aromas wegen einige einzufrieren oder einzumachen.

250g	Räucherspeck	in feine Streifen schneiden und in einem Topf anbraten.
2	Zwiebeln	fein schneiden und im Fett anbraten bis sie glasig sind.
1kg	geschälte Tomaten	in den Topf geben.
1	Liter Wasser	in den Topf gießen.
1 EL	Zucker	in den Topf geben.
1 TL	Salz	in den Topf geben.
1	Prise Pfeffer	in den Topf geben.

Die Suppe wird dann 1 Stunde auf kleiner Flamme gekocht. Als Einlage eignen sich Reste von Reis oder Nudeln, die man noch verwerten möchte. Auch Nockerln, die man gegen Ende der Kochzeit frisch einlegt, sind in dieser Suppe sehr delikat!

Kartoffelsuppe

6 Portionen

Diese Suppe ist sehr einfach, sie besteht hauptsächlich aus Kartoffeln und Stangensellerie, aber schmeckt wunderbar. Es ist ebenfalls eine Herbst bzw. Wintersuppe, die sie unbedingt einmal probieren sollten.

4 EL	Schweinschmalz	in einem Topf erhitzen.
4	Stangen Sellerie	waschen, in feine Scheiben schneiden und im Topf andünsten.
2	Zwiebeln	schälen, fein schneiden und im Topf andünsten, bis sie glasig sind.
2	Liter Wasser	in den Topf gießen.
4	große Kartoffeln	schälen, in Würfel schneiden und in den Topf geben.
2 EL	frische Petersilie	fein hacken und in den Topf geben.
250g	Paprikawurst	in dicke Scheiben schneiden und in den Topf geben.
1	Prise Pfeffer	in den Topf geben.
1 TL	Salz	in den Topf geben.
3	Lorbeerblätter	in den Topf geben und mit den restlichen Zutaten ca. 1 Stunde auf kleiner Flamme köcheln. Die Kartoffelwürfel müssen weich sein und gerade beginnen, zu zerfallen.
3 EL	Essig	werden zum Abschmecken der Suppe am Ende der Kochzeit zugegeben. Eventuell nachsalzen.

Wenn Paprikawurst nicht erhältlich ist, kann auch Räucherspeck verwendet werden. Die Suppe noch heiß servieren! Wenn gewünscht, kann jede Portion noch mit einem Eßlöffel Sauerrahm verfeinert werden. Dazu sollte frisches, knuspriges Weißbrot gereicht werden.

Kürbissuppe

6 bis 8 Portionen

Kürbis ist nicht jedermanns Sache. Ich selbst verschmähe auch einige Speisen, die aus Kürbis gemacht sind - nicht jedoch diese Suppe! Es ist eine Cremesuppe, die man beim ersten Probieren nicht so ohne weiteres als Kürbissuppe identifizieren würde. Eine typische Reaktion, wenn man diese Suppe serviert, ohne vorher zu sagen was es ist: "Das ist gut, was ist das?".

Probieren Sie es, sie schmeckt wirklich gut!

2kg	Kürbisfleisch	das Kürbisfleisch wird aus der Schale geschält, die Kerne und die faserige Masse um die Kerne werden weggeworfen. Das Kürbisfleisch in große Würfel schneiden und in einen Topf gegeben.
2	große Stangen Lauch	waschen, in dicke Scheiben schneiden und in den Topf geben.
1 TL	Salz	in den Topf geben.
1	Prise Pfeffer	in den Topf geben.
1	Prise Muskatnuß	in den Topf geben.
¼	Liter Fleischbrühe	in den Topf geben und mit dem Gemüse bei geschlossenem Deckel ca. ¾ Stunden auf kleiner Flamme köcheln. Sind die Kürbisstücke und der Lauch weich, wird alles mit einem Pürierstab im Topf fein püriert.
400g	Sauerrahm (2 Becher)	zur Suppe in den Topf gießen und nochmals erhitzen aber nicht mehr kochen!

Je nach Belieben kann man der Suppe nach dem Pürieren mehr Fleischbrühe zufügen und sie so dünner machen. Außerdem kann es notwendig sein, noch etwas nachzusalzen. Den Lauch kann man auch durch Zwiebeln ersetzen. Dadurch wird die Geschmacksnote der Suppe aber etwas süßlicher.

Suppeneinlagen

Je nach Bedarf können die hier beschriebenen Suppeneinlagen entweder separat in einer Fleisch- oder Hühnerbrühe als leichte Suppe serviert werden, oder sie dienen als zusätzliche Einlage in reichhaltigen Eintöpfen und machen so aus einer Suppe eine eigenständige Mahlzeit.

Leberspätzle

4 bis 6 Portionen

Wurde für die Familie Hähnchen zubereitet, hatte solch ein Federvieh auch Innereien, im Gegensatz zur meisten Tiefkühlware, die heute angeboten wird. Herz, Magen und Hals wurden in der Regel einfach mit dem Hähnchen geschmort oder gekocht. Aus der Leber jedoch ließ sich eine leckere Suppeneinlage zubereiten.

1	rohe Hähnchenleber	fein hacken und in eine Schüssel geben.
1	Bund Petersilie	waschen, fein hacken und in die Schüssel geben.
1	kleine Zwiebel	schälen, fein schneiden und in die Schüssel geben.
4	Eier	aufschlagen und in die Schüssel geben.
½ TL	Salz	in die Schüssel geben.
250g	Mehl	in die Schüssel geben.

Aus allen Zutaten wird ein halbfester Teig geknetet. Wenn der Teig zu fest wird, kann etwas Wasser zugefügt werden. Mit einem Teelöffel werden kleine Klößchen abgestochen und in kochendem Salzwasser ca. 15 Minuten gegart. Die fertigen Leberspätzle werden abgeschöpft und in heißer Fleischbrühe serviert.

Leberspätzle vom Vortag können mit etwas Fett in der Pfanne angebraten werden. Sind sie leicht gebräunt, werden ein paar Eier darübergeschlagen und mitgebraten. Mit Salat serviert ergibt das nochmals eine delikate Mahlzeit!

Leberknödel

4 bis 6 Portionen

Die Leberknödel sind leicht zuzubereiten und machen jeden Eintopf zum Erlebnis! Besonders gut schmecken sie in einer Hühnersuppe mit viel Fleisch und Gemüse.

1 EL	weiche Butter	in eine Schüssel geben.
1	Ei	zur Butter geben und cremig schlagen.
125g	Mehl	mit dem Ei und der Butter vermischen, bis ein glatter Teig entsteht.
½	kleine Zwiebel	fein schneiden und in den Teig mischen.
1	Bund Petersilie	fein hacken und in den Teig mischen.
½ TL	Salz	in den Teig mischen.
1	Prise Pfeffer	in den Teig mischen.
150g	Hähnchenleber oder Kalbsleber	sehr fein hacken und ebenfalls in den Teig mischen .

Aus dem fertigen Teig werden mit einem Teelöffel Klößchen geformt und in die kochende Suppe gelegt. Sobald die Klößchen aufschwimmen, ca. 5 Minuten weiterkochen und dann servieren.

Pfannkuchen

Ist man einmal in Zeitnot oder fehlt einem einfach die richtige Einlage für eine Suppe, kann man auch aus den gebackenen Pfannkuchen vom Vortag eine herzhafte Mahlzeit zubereiten. In sehr dünne, ca. 5 cm lange Streifen geschnitten, werden die Pfannkuchen in die noch kochende Suppe gegeben, die dann sofort serviert wird. Die Menge kann je nach Hunger, und dem, was sonst noch in der Suppe schwimmt, variiert werden.

Die fein geschnittenen Pfannkuchen kann man auch an einem warmen Platz trocknen und in einer Dose längere Zeit aufbewahren, oder noch frisch einfrieren. Man sollte aber beachten, daß sie in getrockneter Form beim Einlegen in die Suppe sehr viel Flüssigkeit aufnehmen!

Nockerln

4 Portionen

Die hier beschriebene Suppeneinlage ist die ungarische Variante der schwäbischen Spätzle. Es werden kleine Klößchen geformt, die noch etwas Biß haben, und besser schmecken, als jede Suppennudel. In einer deftigen Rindfleisch-, Hühner- oder Tomatensuppe serviert sorgen sie garantiert dafür, daß der Topf bis auf den letzten Tropfen geleert wird!

250g	Mehl	in eine Schüssel sieben.
2-3	Eier	in die Schüssel schlagen.
1 EL	Wasser	in die Schüssel geben.
½ TL	Salz	in die Schüssel geben und alle Zutaten zu einem festen Teig verkneten.

Falls der Teig zu fest wird, kann etwas Wasser zugefügt werden. Mit einer Handreibe werden die Nockerln dann auf der größten Scheibe gerieben. Dabei sollten sie etwa die Größe und Form von Erbsen erhalten. Alternativ dazu kann man den Teig auf ein Brett geben und mit einem Teigschaber kleine, erbsengroße Stückchen abstechen. Die Nockerln werden auf einem sauberen Geschirrtuch ca. ½ Stunde zum Trocknen ausgelegt. Danach kann man sie portionsweise in kochendes Salzwasser geben. Sobald sie aufschwimmen, werden sie abgeschöpft und können in der heißen Suppe serviert werden.

Grießnockerln

4 Portionen

Es ist eine Streitfrage, ob Grießnockerln österreichischen oder ungarischen Ursprungs sind. Tatsache ist, daß sie im mittleren Donauraum sehr begehrt sind. Sie sind eine köstliche Leckerei, die leicht zuzubereiten ist. Die sollten in keiner Suppe fehlen!

80g	weiche Butter	in eine Schüssel geben und mit einem Schneebesen oder Handmixer schlagen.
2	Eier	in die Schüssel geben.
½ TL	Salz	in die Schüssel geben.
1	Prise Muskatblüte	in die Schüssel geben.
125g	Hartweizengrieß	den Grieß dann löffelweise zugeben und währenddessen mit dem Handmixer rühren, bis ein zäher Teig entsteht.

Den Teig ca. 1 Stunde ruhen lassen. Danach können die Grießnockerln mit einem Teelöffel geformt und in die kochende Suppe eingelegt werden. Wenn die Nockerln aufschwimmen, werden sie auf kleiner Flamme ca. 10 Minuten weiter gekocht. Die Suppe dann heiß servieren!

Hauptgerichte mit Fleisch

Wiener Schnitzel

4 bis 6 Portionen

Der Ursprung dieser Schnitzelspezialität dürfte, wie der Name schon sagt, in Österreich liegen. Es fand aber auch im gesamten österreichischen Einflußbereich rege Verbreitung.

Vor 50 bis 100 Jahren wurde im Vergleich zu heute sehr viel Kalb gegessen. Vom Gulasch über Braten und gefüllte Kalbsbrust bis hin zu den berühmten Wiener Schnitzeln wurde sehr viel aus Kalbsfleisch zubereitet. Heute wird oftmals Schweinefleisch für Wiener Schnitzel verwendet. Das geht sicherlich auch, ist aber nicht so delikat wie das Original. Das Geheimnis ist wirklich das richtige Fleisch. Es sollte vom Kalb sein, und muß richtig geschnitten sein, nämlich quer zur Muskelfaser und keinesfalls in Richtung der Faser. Außerdem muß es ausgiebig geklopft werden, damit die Fleischfasern aufgebrochen werden. Dazu verwendet man am besten ein schweres Brett als Unterlage und einen richtigen, schweren Fleischklopfer. Beachtet man diese Dinge werden die Schnitzel ein wahrer Genuß! Die schlechteste Kopie dieser Spezialität dürfte ein mit der Faser geschnittenes, zu dickes und ungeklopftes Schweineschnitzel sein. Auch wenn die Panade gut ist, wird solch ein Schnitzel kein Lob ernten.

Für die Panade werden Semmelbrösel verwendet, wie auch für viele andere Gerichte in diesem Buch. Heute kauft man normalerweise industriell gefertigte Semmelbrösel. Ich kann mich aber noch gut erinnern, wie meine Mutter selbst Semmelbrösel hergestellt hat. Noch vor wenigen Jahrzehnten wurde Nahrung nicht einfach weggeworfen. Für alles gab es noch eine Verwendung und man hat sehr darauf geachtet, daß nichts verdarb. Weißbrot, das alt geworden war, wurde von meiner Mutter in Streifen geschnitten und zum Trocknen ausgelegt. Mit dem Fleischwolf wurden dann alle 2 Wochen die Brotstreifen durchgedreht. Dabei entstanden die vielseitig verwendbaren Semmelbrösel. In einer Dose aufbewahrt, waren sie so monatelang haltbar.

1kg Kalbsschnitzel	das Fett wird entfernt und die Schnitzel gut auf beiden Seiten geklopft. Sie werden dadurch fast doppelt so groß, aber dünner!
2 rohe Eier	werden aufgeschlagen und in einer Schüssel, bzw. Suppenteller, verquirlt.
100g Mehl	in eine weitere Schüssel, bzw. Suppenteller, geben.
100g Semmelbrösel	in eine dritte Schüssel, bzw. Suppenteller, geben.
Salz und Pfeffer	die rohen Schnitzel salzen und pfeffern, dann in Mehl wenden und das überschüssige Mehl abschütteln. Anschließend im Ei und sofort in den Semmelbröseln wenden. Die panierten, rohen Schnitzel ca. ½ Stunde trocknen lassen. Dabei nicht aufeinander legen!
4 EL Schweineschmalz	in einer Pfanne erhitzen. Die Schnitzel werden im heißen Fett goldbraun gebacken (ca. 4 Minuten pro Seite).

Die fertigen Schnitzel werden mit einer Zitronenspalte serviert, die man vor dem Verzehr über dem Schnitzel ausdrückt. Dazu paßt am besten Salat jeder Art. Ich persönlich bevorzuge Kartoffelsalat und zusätzlich einen Blattsalat.

Die gebackenen Schnitzel sollten auf keinen Fall zugedeckt werden solange sie noch warm sind, weil sonst die Panade feucht und weich wird und sich ablöst. Übrig gebliebene Schnitzel kann man gut als kalte Mahlzeit essen.

Gulasch

8 bis 10 Portionen

Gulasch ist wohl das bekannteste "Paprikas"-Gericht aus der ungarischen Küche. Das Geheimnis sind die wenigen Zutaten und das lange Kochen auf kleiner Flamme. Es gibt viele Abwandlungen von Gulasch, die von Familie zu Familie unterschiedlich sind. Was in ein Gulasch allerdings nicht hineingehört, sind Tomaten oder frische Paprikaschoten! Ich verwende sehr viel Zwiebeln, die dann durch die lange Kochzeit zerfallen und so die Soße andicken. Mehl wird überhaupt nicht in der Soße verwendet. Die große Menge des Paprikapulvers, die in diesem Rezept verwendet wird, dient ebenfalls dazu, die Soße anzudicken. Das fertige Gulasch kann man problemlos im Kühlschrank aufbewahren oder portionsweise einfrieren.

4 EL	Schweineschmalz	in einem großen Topf erhitzen.
5	große Zwiebeln	fein schneiden und im Fett anbraten, bis sie braun werden.
2kg	Fleischwürfel (vom Rind und Schwein)	werden zum Anbraten ebenfalls in den Topf gegeben.
50g	süßen Paprika	zum Fleisch in den Topf geben.
2 TL	Salz	in den Topf geben.
¼ TL	scharfen Paprika	in den Topf geben. Das Fleisch mit den Gewürzen dann 10 Minuten auf mittlerer Flamme anbraten. Nicht anbrennen lassen!
½	Liter Wasser	in den Topf gießen und bei kleiner Flamme mit geschlossenem Deckel 1½ bis 2 Stunden köcheln lassen, bis das Fleisch weich ist und die Zwiebeln zerfallen sind.

Das Fleisch und die Zwiebeln sollte man am besten portionsweise anbraten und danach in einer Schüssel zwischenlagern, da sich sehr viel Flüssigkeit herauskocht, wenn man die ganze Menge zusammen anbrät.
Zum fertigen Gulasch serviert man Bandnudeln, Kartoffelbrei oder Reis, sowie Gemüse oder Salat nach Belieben.

Leberragout

4 Portionen

Innereien haben in den letzten Jahren ein schlechtes Image erworben. Cholesterinpanik sowie Gicht- und Schwermetallängste haben bewirkt, daß Innereien kaum noch zu erhalten sind und kaum noch gegessen werden. Sie sollten aber trotzdem einmal diese köstliche Kalbsleber probieren, sofern Sie überhaupt Leber mögen. Die ganze Panik dürfte ohnehin unbegründet sein, wenn man nicht allzuoft Innereien ißt. Sie werden sehen, daß selbst Leute, die Leber nicht sonderlich favorisieren zu dem Schluß kommen, daß sie richtig zubereitet, doch sehr lecker ist!

500g	Kalbsleber	in etwa fingergroße Streifen schneiden.
1	Prise Salz und Paprikapulver (scharf)	die Leberstreifen damit von allen Seiten würzen.
100g	Mehl	in eine flache Schüssel geben, und die gewürzten Leberstreifen in Mehl wenden und zur Seite legen.
2	große Zwiebeln	in sehr feine Ringe schneiden.
100g	Butter	in einer Pfanne erhitzen. Zuerst die Zwiebelringe darin andünsten, bis sie glasig sind. Dann die Leberstreifen zugeben und von allen Seiten anbraten, bis sie gar sind.
1 EL	Paprika (süß)	über die Zwiebeln und die Leber geben.
3 TL	Essig	in die Pfanne geben. Eventuell noch etwas Wasser angießen und mit Salz abschmecken, sodaß eine dicke Zwiebelsoße entsteht.

Das gleiche Rezept kann auch für Schweineleber oder Hähnchenleber verwendet werden. Dazu paßt ein selbst zubereiteter Kartoffelbrei oder Reis sowie ein frischer, knackiger Blattsalat.

Nierenragout

4 bis 6 Portionen

Fast jede Familie hatte ein Schwein zum großziehen. Das wurde mit Küchenabfällen und Mais gemästet. War es groß und fett, wurde es geschlachtet und die Familie hatte wieder für ½ Jahr Fleisch, das geräuchert, verwurstet, gepökelt und in Dosen eingemacht wurde. Am Schlachttag wurden die Innereien verwertet, sofern sich davon nicht Wurst herstellen ließ. Aus den Nieren kann man ein köstliches Ragout zaubern!

6 Schweinenieren	säubern, von Häuten, Röhren und Membranen befreien und aufschneiden.
½ Liter Milch	die Nieren ca. 1 Stunde darin einweichen, dann abtropfen lassen und in feine Stücke schneiden.
4 EL Schweineschmalz	in einem Topf erhitzen
1 große Zwiebel	fein schneiden und im Fett andünsten bis sie glasig sind. Die Nieren dazugeben und anbraten.
1 EL Paprikapulver (süß)	in den Topf geben.
½ TL Salz	in den Topf geben. Die Nieren mit den Gewürzen anbraten, bis sie braun werden.
½ Liter Wasser	in den Topf geben. Die Nieren müssen bedeckt sein. Eventuell mehr Wasser zugeben.
1 Prise Muskatnuß	in den Topf geben.
2 Lorbeerblätter	in den Topf geben.
½ TL scharfer Paprika	in den Topf geben und alles ca. 30 bis 45 Minuten kochen.
2 EL Mehl	in eine kleine Schüssel geben
2 TL weiche Butter	mit dem Mehl zu einem weichen Teig verarbeiten. Den Teig in die Soße einrühren und ca. 3 Minuten weiter köcheln.

Das Nierenragout wird am besten mit Salzkartoffeln oder Kartoffelknödeln serviert. Man kann das Ragout auch noch mit Sauerrahm verfeinern und mit scharfem Paprika, sowie Salz abschmecken. Eine leckere Variante ist, wenn am Ende der Kochzeit noch 1 bis 2 EL Essig in die Soße gegeben wird.

Cevapcici

4 bis 6 Portionen

Ein weiteres serbisches Gericht sind Cevapcici. Im Prinzip sind sie nichts anderes, als die in aller Welt bekannten Buletten, Fleischküchle, Fleischpflanzerl oder Hamburger. Allerdings haben Cevapcici etwas mehr Pepp als eine einfache Bulette. Der Knoblauch und Paprikapulver machen sie besonders schmackhaft. Zu "Würstchen" von der Form und Größe eines Daumens geformt, lassen sie sich zudem besonders knusprig braten.

1kg	gemischtes Hackfleisch	in eine Schüssel geben.
2	Semmel (Brötchen)	in einer anderen Schüssel in Wasser einweichen, das Wasser ausdrücken, die Semmel zerteilen und in die Schüssel geben.
1	Zwiebel	ganz fein schneiden, in einer Pfanne mit wenig Fett dünsten bis sie glasig sind, und zum Fleisch in die Schüssel geben.
3	Knoblauchzehen	mit der Knoblauchpresse zerdrücken und in die Schüssel geben.
1 TL	Salz	in die Schüssel geben.
1 EL	Paprikapulver (süß)	in die Schüssel geben.
2 EL	TL scharfen Paprika	in die Schüssel geben.
2	rohe Eier	aufschlagen und in die Schüssel geben.
2 EL	Petersilie	fein hacken und in die Schüssel geben. Die Fleischmasse mit sauberen Händen gut durchmischen.
100g	Schweineschmalz	in einer Pfanne erhitzen. Mit den Händen werden längliche Bällchen (je 1 EL Fleischmasse) von der Größe eines Daumens geformt und im heißen Fett von allen Seiten knusprig gebraten.

Bei Bedarf kann man noch mehr Fett zum anbraten zugeben. Die Zusammensetzung des Hackfleisches kann man natürlich auch variieren. Man kann dazu auch reines Rindfleisch oder Lammfleisch nehmen. Zu Cevapcici paßt besonders gut ein Djuvecs, natürlich ohne Fleischeinlage, und ein knackiger Salat. Kalt schmecken die Cevapcici übrigens auch sehr lecker! Sie lassen sich auch für Partyplatten hervorragend verwenden.

Gefüllte Paprikaschoten

4 Portionen

Gefüllte Paprikaschoten war das Gericht, das meine Großmutter sehr oft kochte, wenn ich zu Besuch kam. Nirgends hat es auch annähernd so gut geschmeckt wie bei ihr! Diese Mahlzeit ist etwas Unvergleichliches. In der Haupterntezeit von Tomaten und Paprika ist es zudem eine preiswerte Mahlzeit. Man kann grüne oder rote Paprikaschoten verwenden. Ich persönlich bevorzuge die roten. Ganz besonders lecker lassen sich gefüllte Paprikaschoten mit ungarischem Tomatenpaprika zubereiten, die seit einigen Jahren im Sommer auf den Markt kommen. Das ist echte Freilandware aus der Gegend, in der dieses Gericht seinen Ursprung hat.

8	mittelgroße Paprikaschoten	den Deckel abschneiden, und das Kerngehäuse entfernen. Den verwertbaren Paprika des Deckels in Stückchen schneiden und später der Soße zugeben.
1kg	gemischtes Hackfleisch	in eine Schüssel geben.
1	rohes Ei	zum Fleisch in die Schüssel geben.
120g	ungekochten Reis	waschen und in die Schüssel geben.
2 EL	Paprika (süß)	in die Schüssel geben.
1 TL	Salz	in die Schüssel geben. Die Zutaten in der Schüssel mit sauberen Händen gut durchmischen und den Paprika stopfen. Die Schoten aufrecht in den Topf legen. Aus der restlichen Fleischmasse Bällchen formen und zu den Paprikas in den Topf legen.
4	Dosen Tomaten (je 450ml)	in die Schüssel geben und zerteilen. Die Paprikastückchen von den Deckeln ebenfalls in die Schüssel geben.
2	große Zwiebel	schälen, fein schneiden und in die Schüssel geben.
1	Prise Pfeffer	in die Schüssel geben.
2 TL	Zucker	in die Schüssel geben.
½ TL	Salz	in die Schüssel geben. Die Zutaten in der Schüssel vermischen und über die Paprikaschoten verteilen.

Sobald die Paprikaschoten mit der Soße im Topf sind, werden Sie bei kleiner Flamme mit einem gut schließenden Deckel etwa 1½ Stunden gekocht. Ab und zu sollte der Inhalt kontrolliert werden. Wird die Soße zu dick, sollte etwas Wasser dazugegeben werden. Die Paprikaschoten sollten während des Kochens nicht bewegt werden, da sie sonst zerfallen. Deshalb ist es wichtig, die Paprikaschoten auf kleinster Flamme zu garen.

Dazu paßt ein knackiger Salat und frisches, knuspriges Weißbrot besonders gut. Anstatt des Weißbrots kann man auch noch separat etwas Reis kochen und dazu servieren.

Djuvecs mit Hähnchen

4 bis 6 Portionen

Dieses Gericht ist serbischen Ursprungs und immer wieder eine leckere Sache. Mein Großvater hat es aus seiner Wehrpflichtzeit in der Armee König Alexanders mitgebracht. Ich kann mich noch erinnern, daß ich als Kind oft das Bild meines schmucken Großvaters in serbischer Uniform angeschaut habe, das auf einer Anrichte im Wohnzimmer stand. Selbst auf einem Topf über einem Lagerfeuer ließ sich Djuvecs zubereiten. Das war wohl auch der Grund, warum es beim Militär so beliebt war. Einfach aber sehr schmackhaft!
Man sollte dazu einen großen, schweren Topf mit gut schließendem Deckel nehmen. Es kann auch ein Gänsebräter sein, den man dann zum Fertiggaren nicht auf dem Herd stehen läßt, sondern ins Backrohr schiebt. Es kann sein, daß sich am Boden des Topfes eine festgebackene Kruste bildet. Die schmeckt besonders lecker. Sie darf allerdings nicht schwarz werden!

100g	Schweineschmalz	in den Topf geben und erhitzen.
1	zerlegtes Hähnchen oder Hähnchenteile sowie Leber, Magen und Herz	im Schmalz kurz goldbraun anbraten aber nicht durchgaren, dann das Hähnchen aus dem Fett nehmen.
2	Zwiebeln	geschält und fein geschnitten im Fett andünsten.
1	große grüne Paprikaschote	das Kerngehäuse entfernen, waschen, den Paprika in feine Streifen schneiden und zu den Zwiebeln in das Fett geben.
1	große rote Paprikaschote	das Kerngehäuse entfernen, waschen, den Paprika in feine Streifen schneiden und zu den Zwiebeln in das Fett geben.
2 EL	Paprikapulver (süß)	in den Topf geben.
2 TL	Salz	in den Topf geben.
2	Lorbeerblätter	in den Topf geben und alles ca. 3 Minuten im Fett andünsten.
400g	Langkornreis (roh)	in den Topf geben und kurz mit anbraten.
2	Dosen Tomaten (je 450ml)	in den Topf geben.
½	Liter Wasser	in den Topf gießen und das Hähnchen zurück in den Topf legen.

Sobald alle Zutaten im Topf sind, wird die Flüssigkeit darin zum Kochen gebracht. Dann wird der Topf geschlossen und die Herdplatte auf die niedrigste Stufe geschaltet. Der Topf soll dann mindestens eine Stunde nicht geöffnet werden. Ab und zu kann man den Topf rütteln um den Inhalt etwas umzuverteilen. Die Kochzeit beträgt ca. 1 bis 1½ Stunden. Verwendet man einen Gänsebräter im Backrohr, kann die Garzeit auch etwas länger sein. Am Ende der Kochzeit verbreitet sich ein leckerer, aromatischer Duft! Fertig ist das Djuvecs aber erst, wenn der Reis die Flüssigkeit vollständig aufgesogen hat. Er sollte feucht sein, aber nicht in Flüssigkeit stehen.

Eine schmackhafte Abwandlung des Dujvecs mit Hähnchen erhält man, wenn anstatt des Geflügels insgesamt ca. 1 kg Fleischwürfel (vom Rind und vom Schwein) verwendet werden. Mein Vater hat dieses Djuvecs oft zubereitet und es kam immer gut an! Früher verwendete man dazu auch besonders fettes Schweinefleisch. Ich persönlich verwende heute mageres Fleisch und weniger Fett zum Anbraten, was den Geschmack nicht nachteilig beeinflußt.

Dazu serviert man einen Salat wie z.B. Kopfsalat oder einen Gurkensalat mit Dill.

Hähnchen mit Paprika

4 bis 6 Portionen

Diese Mahlzeit ist ein echter ungarischer "Paprikas", eines dieser leckeren Gerichte also, die häuptsächlich mit Paprika gewürzt werden und in einem Topf auf dem Herd zubereitet werden. Entstanden sind diese Gerichte wahrscheinlich durch Hirten und Bauern, die sich nach der Arbeit an einem Lagerfeuer etwas zu Essen zubereiteten. Mit wenigen einfachen Zutaten lassen sich so wunderbare Mahlzeiten zaubern.

4 EL	Schweineschmalz	in einen Topf geben und erhitzen.
3	große Zwiebeln	werden fein geschnitten und im Fett angebraten, bis sie braun werden.
1-1½	kg Hähnchenteile	Vorzugsweise Schlegel, Brust und Flügel werden zum Anbraten ebenfalls in den Topf gegeben.
4 EL	Paprikapulver (süß)	in den Topf geben.
2 TL	Salz	in den Topf geben.
1	Prise scharfen Paprika	in den Topf geben. Das Hähnchen mit den Gewürzen dann 10 Minuten auf mittlerer Flamme anbraten. Nicht anbrennen lassen!
¼	Liter Wasser	in den Topf gießen und bei kleiner Flamme ca. 1 Stunde köcheln lassen, bis das Hähnchen weich ist.
1 EL	Mehl	in eine kleine Schüssel geben
1 TL	weiche Butter	mit dem Mehl zu einem weichen Teig verarbeiten, das Hähnchen aus der Soße nehmen, den Teig in die Soße einrühren und ca. 3 Minuten weiter köcheln. Dadurch wird die Soße angedickt.
200g	Sauerrahm (1 Becher)	in die Soße einrühren, das Hähnchen wieder in die Soße geben und nochmals bis kurz vor dem Aufkochen erhitzen, aber nicht mehr kochen lassen.

Anstatt Hähnchenfleich kann man auch Schweinefleisch verwenden. Es wird in ca. 2 cm große Würfel geschnitten und wie das Hähnchen angebraten und gekocht. Wenn man mehr Soße möchte, kann man bis zu einem ½ Liter Wasser zusätzlich beifügen und entprechend andicken und nachwürzen.

Dazu kann man Bandnudeln oder Kartoffelknödel servieren oder auch ganz einfach frisches, knuspriges Weißbrot und auf jeden Fall einen frischen und knackigen Salat, z.B. Gurkensalat mit Dill.

Brathähnchen

4 bis 6 Portionen

Sonntags gab es bei meinen Großeltern oft Brathähnchen. Dazu wurden normalerweise Nudeln, Gemüse oder Salat und Weißbrot serviert. Um eine knusprige, gut gebräunte Haut zu erhalten, muß das Hähnchen mit Paprika eingerieben werden. Das verleiht dem Braten dann auch noch einen besonders aromatischen Geschmack.

1 großes Brathähnchen	putzen, waschen und abtropfen lassen.
1 TL Salz	in eine kleine Schüssel geben.
2 TL süßen Paprika	in die Schüssel geben.
¼ TL scharfen Paprika	in die Schüssel geben und alle Gewürze gut miteinander vermischen. Das Hähnchen wird dann innen und außen mit der Gewürzmischung eingerieben. Dabei sollte die Mischung weitgehend aufgebraucht werden.

Das Hähnchen wird dann, wenn gewünscht, noch mit der Kräuterfüllung gestopft und in einem Bräter mit Deckel in den Ofen geschoben. Ist das Hähnchen gefüllt, wird es bei 200°C ca. 2 bis 2½ Stunden gebraten. Ohne Füllung ist es schon nach 1½ bis 2 Stunden fertig. Etwa ½ Stunde vor Ende der Bratzeit wird die Flüssigkeit aus dem Bräter abgegossen und dann das Hähnchen nochmals ohne Deckel in den Ofen geschoben und fertig gebraten. Dadurch wird die Haut knusprig. Der abgegossene Bratenfond wird als Soße serviert. Dazu wird er warm gehalten bzw. vor dem Servieren nochmals aufgewärmt und kann mit Mehl und Butter etwas angedickt werden.

Kräuterfüllung

Die Füllung diente dazu, den Braten etwas zu verlängern, wenn sich mehr Besucher als sonst zum Essen angekündigt hatten. Sie ist aber eines der besten Beispiele, wie man aus einer Not eine Tugend machen kann. Die Füllung hat, wenn sie fertig gegart ist, die Konsistenz eines böhmischen Knödels und schmeckt intensiv nach den verwendeten Kräutern. Deshalb ist es auch wichtig, frische, oder bestenfalls eingefrorene, Kräuter zu verwenden. Getrocknete Kräuter sind weniger geeignet.

125g	Butter	in einer Pfanne zerlassen.
1	große Zwiebel	fein schneiden und in der Butter anbraten. Wenn die Zwiebel angebraten ist, wird der Inhalt der Pfanne in eine Schüssel gegossen.
500g	Weißbrot	das Brot in Würfel schneiden und zu den Zwiebeln in die Schüssel geben.
150g	frische Petersilie	fein hacken und in die Schüssel geben.
100g	frischen Schnittlauch	fein hacken und in die Schüssel geben.
5	frische Salbeiblätter	fein hacken und in die Schüssel geben.
1	Zweig frischen Rosmarin	die Blätter abstreifen, fein hacken und in die Schüssel geben.
1	Zweig frischen Majoran	die Blätter abstreifen, fein hacken und in die Schüssel geben.
100	ml Wasser	in die Schüssel geben.
3	rohe Eier	in die Schüssel schlagen.
1 TL	Salz	in die Schüssel geben.
½ TL	Pfeffer	in die Schüssel geben. Alle Zutaten werden mit den Händen zu einer geschmeidigen Masse vermischt.

Um die Füllung nach dem Braten aus dem Hähnchen zu entnehmen, wird es an der Brust ganz aufgeschnitten und am besten gleich komplett zerlegt. Die Füllung wird dann möglichst am Stück herausgenommen und in Scheiben geschnitten.

Weißkraut - Susanne De Wille. Juli 2000

Serbische Krautwickel

6 Portionen

Dieses Rezept für Krautwickel kommt aus Serbien. Es ist auch heute noch ein weit verbreitetes Gericht, das oft zu festlichen Angelegenheiten und Familientreffen serviert wird. Es ist einfach zuzubereiten und sehr lecker.

1	großen Kopf Weiß-kraut	die äußeren welken Blätter entfernen, den Strunk herausschneiden und den ganzen Krautkopf in einen großen Topf mit kochendem Salzwasser legen. Nach ca. 3 Minuten Kochzeit wird der Krautkopf herausgenommen und die äußeren Blätter vorsichtig abgelöst, ohne diese zu beschädigen. Dieser Vorgang wird so oft wiederholt, bis alle Blätter abgelöst sind. Bei den größeren Blättern kann man evtl. die dicke holzige Blattmitte herausschneiden.
1½kg	gemischtes Hackfleisch	in eine Schüssel geben.
2	rohe Eier	in die Schüssel geben.
1 EL	süßes Paprikapulver	in die Schüssel geben.
1 TL	scharfes Paprikapulver	in die Schüssel geben.
2 TL	Salz	in die Schüssel geben.
2	Zwiebeln	fein hacken und in die Schüssel geben.
750g	ungekochten Reis	waschen, abtropfen lassen und in die Schüssel geben. Mit sauberen Händen wird die Fleischmasse vermischt. Anschließend werden ca. 2 EL Fleischmasse auf ein Krautblatt gelegt. Am dickeren Ende angefangen wird das Blatt aufgerollt und so die Fleischmasse eingewickelt. Die Seiten des Blattes werden dabei jeweils hereingeschlagen. Die fertigen Wickel werden in einen Topf gelegt und mit Wasser begossen, bis sie etwas zur Hälfte bedeckt sind.
½	Liter Wasser	in eine Schüssel geben.
2	Dosen Tomaten (450ml)	in die Schüssel geben und zerteilen.

1 TL	Salz	in die Schüssel geben.
1 EL	Paprikapulver	in die Schüssel geben.
2	Zwiebeln	schälen, fein hacken und in die Schüssel geben. Die Zutaten für die Soße werden gut vermischt und über die Krautwickel verteilt.

Der Topf wird mit einem gut schließenden Deckel zugedeckt. Die Krautwickel werden dann auf kleiner Flamme ca. 1½ Stunden gekocht. Bei Bedarf kann während der Kochzeit etwas Wasser angegossen werden, falls die Soße zu dick wird. Die fertigen Krautwickel werden am besten mit knusprigem Weißbrot serviert. Man kann dazu auch noch etwas Reis separat kochen.

Krautstrudel

Strudel ist fast schon die allgegenwärtige Lieblingsspeise in der Donauebene. Es besteht fast keine Einschränkung bezüglich der Füllungen für einen Strudel. Süß als Nachspeise oder pikant als Hauptgang gibt es Strudel in zahllosen Variationen. Dieser Krautstrudel ist eine besonders pikante und herzhafte Mahlzeit. Man serviert dazu einen knackigen Salat und eventuell Salzkartoffeln oder Bratkartoffeln.

Strudelteig

500g	Mehl	in eine Schüssel geben.
1 EL	Pflanzenöl	in die Schüssel geben.
1	rohes Ei	in die Schüssel schlagen.
40g	weiche Butter	in die Schüssel geben.
¼	Liter Wasser	in die Schüssel geben und aus allen Zutaten einen festen, glatten Teig kneten. Den Teig auf ein bemehltes Brett legen, eine erwärmte Schüssel darüber legen und ½ Stunde ruhen lassen und warm halten.

Krautfüllung

2 EL	Schweineschmalz	in einem großen Topf erhitzen.
3	große Zwiebeln	sehr fein schneiden und im Fett anbraten.
500g	gemischtes Hackfleisch	zu den Zwiebeln in den Topf geben und anbraten.
1-1½ kg	Weißkraut	Sehr fein hobeln und, nachdem das Fleisch ca. 15 Minuten gebraten ist, in den Topf geben.
1	Knoblauchzehe	mit der Presse zerdrücken und zum Kraut geben.
1 TL	Salz	in den Topf geben.
1	Prise Pfeffer	in den Topf geben und alle Zutaten auf mittlerer Flamme andünsten, bis sie gar sind (ca. 20-30 Minuten).

Man sollte der Krautfüllung normalerweise keine Flüssigkeit zugeben, es sei denn, sie droht anzubrennen. Hat sich aus irgendwelchen Gründen zu viel Flüssigkeit herausgebraten, sollte man sie mit einer Mehl- und Buttermischung etwas andicken. Außerdem sollte man die Füllung vor dem Weiterverarbeiten noch richtig abschmecken.

Der Strudelteig wird nach dem Ruhen in zwei Stücke geteilt und jeweils auf einem mit Mehl bestreuten Küchentuch oder einem älteren Tischtuch sehr dünn ausgerollt. Dabei entstehen zwei große Rechtecke, deren Teig nicht dicker als 1 mm sein darf! Der Teig wird dann mit flüssiger Butter bestrichen. Mit bemehlten Handrücken greift man dann unter den Teig und zieht ihn so dünn wie möglich aus. Den dickeren Rand kann man vor dem Aufrollen des Strudels abschneiden.

Beim Verteilen der Füllung läßt man ringsum einen ca. 2 cm breiten Rand. Der Strudel wird dann vorsichtig, mit Hilfe des Tuches auf dem er liegt, aufgerollt. Das Tuch zieht man dabei auf sich zu und nach oben. Dabei wird der Strudel gerollt. Der obere Rand wird dann an der fertigen Strudelrolle festgedrückt. Die seitlichen Ränder werden zusammengedrückt. Die fertigen Strudel werden mit der Naht nach unten auf ein gefettetes Backblech gelegt, reichlich mit zerlassener Butter bestrichen und bei 180°C ca. 30-40 Minuten gebacken. Beim Ausschalten des Ofens werden die Strudel nochmals mit flüssiger Butter bestrichen.

Szegediner Gulasch

4 Portionen

Dieses ungarische Gericht ist eine ausgesprochen herzhafte Mahlzeit. Es ist ein richtiges Winteressen, nicht nur weil es besonders deftig und sättigend ist, sondern weil dabei Zutaten verwendet werden, vor allem Sauerkraut, die früher für die Wintermonate konserviert wurden. Es ist außerdem ein preiswertes Essen und schmeckt ganz anders als die in Deutschland üblichen Gerichte mit Schweinefleisch und Kraut!

2 EL	Schweineschmalz	in einem Topf erhitzen.
1 kg	Schweinefleisch	in Würfel schneiden und im Schmalz anbraten.
3	große Zwiebeln	schälen, fein schneiden und mit dem Fleisch anbraten, bis sie glasig sind.
1 TL	Salz	in den Topf geben.
1	Lorbeerblatt	in den Topf geben.
½ TL	scharfes Paprikapulver	in den Topf geben.
2 EL	Paprikapulver (süß)	in den Topf geben und alle Zutaten ca. 40 Minuten dünsten.
1½kg	Sauerkraut	in den Topf geben.
½	Liter Wasser	in den Topf geben und alles gut vermischen. Danach den Topf zudecken und das Gulasch ca. 1 Stunde auf kleiner Flamme köcheln.
200g	Sauerrahm (1 Becher)	Das fertige Gulasch mit Salz und scharfem Paprika oder Pfeffer abschmecken, vom Herd nehmen und den Sauerrahm unterrühren.

Das Gulasch hat ein herrliches Aroma und wird am besten mit frischem, knusprigem Weißbrot serviert. Es kann auch ohne Probleme wieder aufgewärmt oder eingefroren werden. Wie so viele Sauerkrautgerichte schmeckt auch das Szegediner Gulasch am zweiten Tag besser als frisch gekocht!

Schweinebraten

6 bis 8 Portionen

Dieses Rezept kann auch für Rinderbraten oder Lammbraten verwendet werden. Ich persönlich verwende oftmals zwei etwas kleinere Fleischstücke, z.B. vom Schwein und Lamm, und brate sie gemeinsam. Da ist dann für jeden etwas dabei!
Einen Braten zuzubereiten ist eigentlich eine einfache Sache. Eine gute Soße dazu zu bekommen hingegen schon wesentlich schwieriger.
Beim Braten ist die Auswahl des Fleischstückes ausschlaggebend. Es sollte nicht zu klein sein, da der Braten sonst leicht trocken wird. Auch sollte es nicht zu groß sein, weil sonst die Garzeit sehr lange ist. Das ideale Bratenstück wiegt zwischen 2 kg und 4 kg. Eine Fettschicht auf dem Fleisch sollte vor dem Braten auf keinen Fall entfernt werden. Es hilft den Braten saftig zu machen. Wer das Fett nicht essen möchte, kann es später entfernen, bzw. von der Soße abschöpfen. Außerdem ist natürlich die allgemeine Qualität des Fleisches wichtig für das gute Gelingen.

1 großes Bratenstück (2 - 4 kg)	waschen, abtropfen lassen und in einem Topf auf dem Herd rundum scharf anbraten.
1 TL Salz	den Braten damit rundum einsalzen.
½ TL scharfen Paprika	den Braten damit rundum würzen und in den Bratentopf legen.

Für die Soße kommen zwei Varianten in Frage. Die erste Soße besteht aus verschiedenen Gemüsen und dem Bratenfonds. Folgende Zutaten werden zum Braten mit in den Bratentopf gegeben:

3 große Karotten	schälen, in große Stücke schneiden und in den Topf geben.
1 große Zwiebel	schälen, in große Stücke schneiden und in den Topf geben.
2-3 Tomaten	in große Stücke schneiden und in den Topf geben.
¼ Sellerieknolle	schälen, in große Stücke schneiden und in den Topf geben.
1 kleine Stange Lauch	säubern, in große Stücke schneiden und in den Topf geben.
1 Petersilienwurzel	schälen, in große Stücke schneiden und in den Topf geben.
5 Pfefferkörner	in den Topf geben.
1 Lorbeerblatt	in den Topf geben.

Der Braten wird im Backrohr ca. 2 Stunden auf 200 °C gebraten. Kleine Bratenstücke sind eventuell schon nach 1½ Stunden fertig. Größere Stücke dauern bis zu 3 Stunden. Die Gemüsezutaten werden die gesamte Garzeit mit gebraten. Man sollte jede halbe Stunde den Braten kontrollieren. Es sollte immer ca. ½ cm Flüssigkeit im Topf sein. Ist zuviel Flüssigkeit vorhanden, wird sie abgeschüttet und später zum Angießen wieder verwendet. Droht das Gemüse anzubrennen, sollte man etwas Wasser oder Bier angießen. Eine halbe Stunde vor Ende der Garzeit wird der Braten aus dem Topf genommen und das Gemüse sowie der Bratenfond in einen Kochtopf abgeschüttet. Mit etwas Wasser sollte man die Reste des Bratenfond vom Bratentopf lösen und ebenfalls verwenden. Der Braten wird dann im offenen Bratentopf auf 250°C im Backrohr fertig gebraten. Dabei sollte man ihn immer wieder (ca. alle 10 Minuten) mit herausgebratener Flüssigkeit begießen. Brät sich keine Flüssigkeit heraus, kann auch Wasser oder Bier verwendet werden. Der Braten bekommt dadurch eine herrliche Kruste.

Während dieser Zeit wird auch die Soße fertiggestellt. Dazu verwendet man einen "Zauberstab" bzw. Pürierstab und püriert das gebratene Gemüse sehr fein. Früher hat man das Gemüse durch ein Sieb gestrichen, was wesentlich aufwendiger ist. Mit Wasser, Sauerrahm, Bier oder Wein, je nach Geschmack, wird die Soße auf die gewünschte Konsistenz gebracht. Das Gemüse und der Bratenfond sollten jedenfalls so "trocken" sein, daß man etwas Flüssigkeit zusetzen kann. Ein Andicken der Soße mit Mehl ist somit nicht notwendig, und verleiht der Soße einen ganz besonders edlen Character. Gegebenenfalls kann mit Salz und Pfeffer noch abgeschmeckt werden, was jedoch nicht notwendig ist, wenn der Braten richtig gewürzt wurde.

Will man eine reine Zwiebelsoße haben, verwendet man für die Soße die folgenden Zutaten, die zum Braten in den Bratentopf gegeben werden:

7 große Zwiebeln	schälen, in Ringe schneiden und in den Topf geben.
1 EL Zucker	über die Zwiebeln verteilen. Dadurch werden die Zwiebeln karamelisiert und die Soße bekommt eine schöne braune Farbe.

Der Braten wird wie oben beschrieben zubereitet. Die Soße wird ebenfalls ½ Stunde vor Ende der Garzeit in einen Topf abgegossen und der Braten wie oben beschrieben im offenen Bratentopf knusprig gebraten. Die Zwiebelsoße wird vor dem Servieren mit 1-2 EL Mehl, das klumpenfrei in 1 Tasse Wasser verrührt wurde, angedickt.

Zu diesem Braten paßt Sauerkraut und Nockerln besonders gut. Es kann aber auch ein beliebiges anderes Gemüse und andere Knödel oder Nudeln dazu serviert werden.

Fleischlose Hauptgerichte

Kraut und Nudeln

4 bis 6 Portionen

Weißkraut ist wohl eines der vielseitigsten Gemüse die es gibt. Außerdem ist es haltbar. Man kann es in einem kühlen Keller mit optimaler Luftfeuchtigkeit bis tief in den Winter hinein aufbewahren. Vor der Zubereitung werden dann nur die äußeren welken Blätter entfernt.
Dieses vegetarische Gericht ist wirklich lecker. Am besten schmeckt es mit frisch geerntetem Spitzkraut. Das Kraut schmeckt nussig und sollte noch etwas Biß haben. Es ist wichtig, daß auf jeden Fall Butter zum Andünsten verwendet wird und nicht irgend ein Fett oder Öl. Außerdem sollten wirklich Bandnudeln dazu gekocht werden, sonst verliert das Gericht seinen Charakter.

100g	Butter	in einem großen Topf vorsichtig erhitzen.
1	große Zwiebel	in dünne Ringe schneiden und in der Butter glasig dünsten.
1	kleinen Krautkopf (ca. 1kg)	putzen und in ca. 1 cm breite Streifen schneiden. Das Kraut mit den Zwiebeln in der Butter andünsten.
1 TL	Salz	in den Topf geben.
1	Prise Pfeffer	in den Topf geben. Den Topf mit einem Deckel schließen und das Kraut ca. 15 Minuten auf mittlerer Flamme dünsten. Es darf nicht anbrennen!
500g	Bandnudeln	separat kochen und abtropfen lassen. Die Nudeln dann zum gedünsteten Kraut geben und untermischen.
400g	Sauerrahm (2 Becher)	unter das Kraut und die Nudeln mischen und mit Salz und Pfeffer abschmecken.

Den Sauerrahm darf man nicht mehr erhitzen, sonst gerinnt er. Das Gericht wird dann sofort serviert. Als Variante kann man beim Andünsten des Krauts in dünne Scheibchen geschnittene Paprikawurst (ca. 100 g) zugeben.

Pilzragout

4 bis 6 Portionen

Ein Lieblingsessen in meiner Familie ist dieses Pilzragout. Für alle, die kein Fleisch mögen, sind Pilze ein wertvoller Ersatz. Dabei ist es fast egal, um welche Pilzsorten es sich handelt. Wenn man sich auskennt, und seine Pilze selbst im Wald sucht, erhält man eine bunte Pilzpfanne mit deftigem Geschmack. Man kann aber auch auf Zuchtpilze zurückgreifen. Ich persönlich verwende gerne eine Mischung aus Austernpilzen und Egerlingen (eine braune Champignonart).

1kg	Pilze	von groben Verunreinigungen säubern, waschen, abtropfen lassen und in Scheiben schneiden. Die Pilze im Abtropfsieb beiseitestellen.
3 EL	Butter	in einem Topf erhitzen.
1-2	Stangen Lauch	putzen, waschen, in dünne Ringe schneiden und in der Butter andünsten. Sind die Lauchringe leicht gebräunt, werden die geschnittenen Pilze mit in den Topf gegeben und angedünstet.
½ TL	Salz	in den Topf geben.
1	Prise scharfen Paprika	in den Topf geben.
1	Prise Muskatnuß	in den Topf geben. Die Pilze und der Lauch werden ca. 15 min gedünstet, bis sie gar sind. Normalerweise kocht sich genügend Flüssigkeit heraus, so daß sie nicht anbrennen. Bei Bedarf kann jedoch mit etwas Wasser oder Weißwein angegossen werden.
400g	Sauerrahm (2 Becher)	am Ende der Garzeit zu den Pilzen geben und untermischen. Das Ragout noch weiter erhitzen, aber nicht mehr kochen!
2 EL	Petersilie	fein hacken und unter das Ragout mischen. Eventuell mit Salz und scharfem Paprika nachwürzen.

Zu diesem Pilzragout passen Bandnudeln, Semmelknödel oder Kartoffelknödel besonders gut. Dazu serviert man auch noch einen knackigen Blattsalat.

Kartoffeln und Knödel

4 Portionen

In schweren Zeiten gab es auch Mangel an Nahrungsmitteln. Fleisch und Gemüse war oft nicht zu haben, oder sehr teuer, und die Leute mußten mit dem zurecht kommen, was sie selbst angebaut hatten oder zu erschwinglichen Preisen kaufen konnten. Das waren oftmals nur die Grundnahrungsmittel wie Mehl und Kartoffeln.

Trotz allem läßt sich daraus eine herzhafte Mahlzeit bereiten, die gut schmeckt und so manchen hungrigen Bauch füllen kann. Entweder man serviert dieses Gericht als eigenständige Mahlzeit, oder auch als Beilage zu Fleisch.

4 EL	weiche Butter	in eine Schüssel geben.
4	rohe Eier	in die Schüssel geben.
½ TL	Salz	in die Schüssel geben und zusammen mit der Butter und den Eiern mit einem Schneebesen schaumig rühren.
250g	Mehl	in die Schüssel geben und unterrühren. Es soll ein fester Teig entstehen. Den Teig noch ca. ½ Stunde quellen lassen.
2-3	Liter Salzwasser	in einem Topf zum Kochen bringen.
4-6	Kartoffeln	schälen, vierteln und im Salzwasser kochen bis sie fast gar sind. Knödel werden mit einem Eßlöffel abgestochen und zu den Kartoffeln in das Salzwasser gelegt. Wenn sie an die Oberfläche kommen, werden sie noch 5 min auf kleiner Flamme weitergekocht
100g	Butter	in einer Pfanne zerlassen.
50g	Semmelbrösel	in die Pfanne geben und kurz in der Butter anrösten. Die Kartoffeln und Knödel aus dem Wasser nehmen, abtropfen lassen und in die Pfanne geben. In der Pfanne mehrfach wenden, bis rundum Semmelbrösel an den Kartoffeln und Knödeln anhaften.

Das Gericht wird dann eventuell noch mit Salz und Pfeffer abgeschmeckt und heiß serviert. Dazu paßt ein frischer Gurkensalat oder Tomatensalat.

Zwetschgenknödel

4 bis 6 Portionen

Zwetschgenknödel sind etwas sehr Leckeres und vor allem bei Kindern sehr beliebt. Als Hauptessen werden je nach Größe etwa 4 bis 6 Stück serviert. Als Nachtisch reicht in der Regel einer. Je nach Belieben kann man die Teighülle etwas dicker oder dünner machen. Allerdings sollte sie nicht zu dünn sein, weil sie sich sonst beim Kochen auflöst.

750g	Kartoffeln	in einem Topf mit Wasser kochen, bis sie gar sind. Die Kartoffeln dann schälen, zu Brei zerdrücken und als kleinen Berg auf ein Knetbrett legen.
500g	Mehl	zu den Kartoffeln geben.
1	rohes Ei	in eine kleine Delle zu den Kartoffeln und dem Mehl geben.
1	Prise Salz	zum Ei geben und aus allen Zutaten einen Teig kneten. Den Teig auf dem mehlbestreuten Knetbrett ca. 1½ cm dick ausrollen und in 10 cm große Quadrate schneiden.
20	Zwetschgen, Pflaumen oder Aprikosen	waschen und entsteinen. Es wird für jedes Teigquadrat eine Frucht benötigt.
20	Zuckerwürfel oder pro Frucht ½ TL Zucker	in die entsteinte Frucht legen, mit etwas Zimt bestreuen und auf je ein Teigquadrat legen. Die Ecken dann einschlagen und mit den Händen einen Knödel formen.
2-3	Liter Salzwasser	zum Kochen bringen und jeweils 4-5 Knödel zusammen ca. 10 min auf kleiner Flamme kochen. Die fertigen Knödel herausnehmen und warmhalten.
100g	Butter	in einem Topf zerlassen.
50g	Semmelbrösel	in den Topf geben und in der Butter bräunen.
50g	Zucker	in den Topf geben.
1 TL	Zimt	in den Topf geben mit den anderen Zutaten kurz vermischen und über die Zwetschgenknödel verteilen.

Die Knödel werden dann sofort noch warm serviert.

Kaiserschmarrn

4 Portionen

Kaiserschmarrn ist ein preiswertes und schnell zu kochendes Gericht. In meinem Elternhaus wurde, ähnlich wie bei den Pfannkuchen, vorher noch eine Suppe serviert. Das war dann eine sättigende Mahlzeit, von der man nie genug bekommen konnte. Obwohl das Rezept für vier Personen ausgelegt ist, wird bei den Beköstigten möglicherweise der Wunsch nach mehr aufkommen!

4 rohe Eier	in eine Schüssel schlagen und mit dem Schneebesen verquirlen.
½ Liter Milch	mit den Eiern in der Schüssel verquirlen.
4 EL sehr weiche Butter	mit den Eiern und der Milch in der Schüssel verquirlen.
400g Mehl	unter ständigem Rühren in die Milch und Eiermasse in die Schüssel rühren.
4 EL Schweineschmalz	in einem Topf mit großer Grundfläche erhitzen und den ganzen Teig auf einmal in den heißen Topf gießen. Die Ränder des so entstehenden Pfannkuchens immer wieder anheben. Sobald die Unterseite gebräunt ist, wird der Pfannkuchen gewendet und mit dem Pfannenwender in ca. 3-4 cm große Stücke zerrissen. Ist der gesamte Teig gar und gebräunt, wird er auf einer Platte angerichtet.
20g Puderzucker	durch ein Sieb über den Kaiserschmarrn auf der Platte streuen.

Der Kaiserschmarrn wird noch heiß serviert. Dazu reicht man immer ein Obstkompott, entweder frisch gekocht, oder aus einer Konserve.

Pfannkuchen

4 Portionen

Im ganzen süddeutschen Raum, sowie in Österreich und Ungarn, sind Pfannkuchen eine beliebte Abwechslung zu Fleischmahlzeiten. In Ungarn werden sie
"Palatsinta" genannt und ergeben mit einer guten Suppe als Vorspeise eine
herrliche Mahlzeit. Sie werden dünn ausgebacken und mit Marmelade, Schokolade und Schlagsahne oder Obstmus gefüllt.

4 rohe Eier	in eine Schüssel schlagen.
½ Liter Milch	in die Schüssel geben und mit einem Schnee-besen mit den Eiern verrühren.
250g Mehl	mit dem Schneebesen in die Schüssel ein-rühren.

Den Teig kann man dann etwas quellen lassen. Inzwischen erhitzt man eine
Bratpfanne und zerläßt 1-2 TL Butter darin. Mit einem Schöpflöffel gießt man
dann vom Pfannkuchenteig eine Kelle voll in die heiße Pfanne. Der
Pfannkuchen wird dann gebacken, bis der Teig an der Oberfläche trocken wird.
Erst dann wird der Pfannkuchen gewendet und nur noch kurz gebräunt. Die
Pfanne darf nicht zu heiß sein, sonst verbrennt die Butter sowie der Pfannkuchen! Den fertigen Pfannkuchen bestreicht man dann mit Marmelade, rollt
ihn ein und hält ihn warm (z.B. auf niedriger Stufe im Backrohr). Ist der ganze
Teig in gleicher Weise herausgebacken, werden die Pfannkuchen mit Puderzucker bestäubt und sofort serviert. Nicht vergessen, für jeden neuen Pfannkuchen wieder etwas Butter in die Pfanne zu geben!
Werden die Pfannkuchen mit geschlagener Sahne und Schokoladenraspeln
gefüllt, darf man sie natürlich nicht warmhalten, sondern muß sie sofort servieren!
Eine leckere Variante ist, die Pfannkuchen mit einer pikanten Füllung, wie z.B.
dem oben beschriebenen Pilzragout, einer Tomatensoße aus frischen Tomaten
oder mit Rührei und Speck, zu füllen. Übriggebliebene Pfannkuchen, die nicht
gefüllt wurden, kann man für eine Pfannkuchensuppe verwenden.

Topfenpalatschinken

Eine Variante der einfachen gefüllten Pfannkuchen sind die Topfenpalatschinken. Topfen ist ganz einfach Quark und Palatschinken ist das ungarische Wort für Pfannkuchen. D.h. die Pfannkuchen haben eine spezielle Quarkfüllung und werden nochmals überbacken.

Quarkfüllung

500g	Quark	in eine Schüssel geben.
100g	weiche Butter	in die Schüssel geben.
50g	Rosinen	in die Schüssel geben.
50g	Puderzucker	in die Schüssel geben.
1	Prise Salz	in die Schüssel geben.
4	Eigelb	in die Schüssel geben.
1	Päckchen Vanillezucker	in die Schüssel geben und alle Zutaten cremig rühren.
½	unbehandelte Zitrone	die Schale fein reiben und in die Schüssel geben. Den Saft auspressen und ebenfalls in die Schüssel geben.
4	Eiklar	in einer separaten Schüssel zu einem steifen Schnee schlagen und den Eischnee dann vorsichtig unter die Quarkcreme heben.

Die Pfannkuchen bereitet man einfach nach dem oben beschriebenen Pfannkuchenrezept zu. Sobald ein Pfannkuchen gebacken ist, wird er mit ca. 4-5 EL der Quarkfüllung gefüllt, aufgerollt und in eine gefettete Auflaufform gelegt. Sobald alle Pfannkuchen in der Auflaufform liegen, werden sie mit Butterflocken bestreut und bei 180°C ca. 30 Minuten gebacken. Danach mit Puderzucker bestäuben und noch warm servieren.

Süße Strudel

Strudelteig

500g	Mehl	in eine Schüssel geben.
1 EL	Pflanzenöl	in die Schüssel geben.
1	rohes Ei	in die Schüssel schlagen.
40g	weiche Butter	in die Schüssel geben.
¼	Liter Wasser	in die Schüssel geben und aus allen Zutaten einen festen, glatten Teig kneten. Den Teig auf ein bemehltes Brett legen, eine erwärmte Schüssel darüber legen und ½ Stunde ruhen lassen.

Der Strudelteig wird nach dem Ruhen in zwei Stücke geteilt und jeweils auf einem mit Mehl bestreuten Küchentuch, oder einem älteren Tischtuch sehr dünn ausgerollt. Dabei entstehen zwei große Rechtecke, deren Teig nicht dicker als 1 Millimeter sein darf! Der Teig wird als nächstes mit flüssiger Butter bestrichen. Mit bemehlten Handrücken greift man dann unter den Teig und zieht ihn so dünn wie möglich aus. Den dickeren Rand kann man zum Schluß abschneiden.

Beim Verteilen der Füllung läßt man ringsum einen ca. 2 cm breiten Rand. Der Strudel wird dann vorsichtig mit Hilfe des Tuches, auf dem er liegt, aufgerollt. Der obere Rand wird dann an der Strudelrolle festgedrückt. Die seitlichen Ränder werden zusammengedrückt. Die fertigen Strudel werden mit der Naht nach unten auf ein gefettetes Backblech gelegt, reichlich mit zerlassener Butter bestrichen, und bei 190°C ca. 45 Minuten gebacken. Man kann auch etwas Eigelb und Sahne zum Bestreichen verwenden, dadurch bekommt der Strudel eine schöne, goldbraune Farbe. Beim Ausschalten des Ofens werden die Strudel nochmals mit flüssiger Butter bestrichen. Vor dem Servieren wird der süße Strudel noch mit Puderzucker bestäubt.

Kartoffelfüllung

Einen Apfelstrudel kennt jeder, auch wenn er nicht aus der Donauebene kommt. Dieser Kartoffelstrudel ist von Frau Barbara Moser. Er ist weniger bekannt, aber dafür um so leckerer! Er schmeckt kartoffelig, mit einer leichten Süße, ähnlich wie Zwetschgenknödel. Die Mandeln und Nüsse verleihen ihm dazu noch eine besonders feine Note. Sie sollten ihn auf jeden Fall einmal probieren!

4	Eigelb	in eine große Schüssel geben
200g	weiche Butter	in die Schüssel geben
100g	Zucker	in die Schüssel geben
1	Prise Salz	in die Schüssel geben und alles mit einem Schneebesen cremig rühren.
700g	Kartoffeln	kochen, schälen und mit einer Kartoffelpresse in die Schüssel drücken
400g	Creme Fraiche	in die Schüssel geben
100g	geriebene Mandeln	in die Schüssel geben und alles mit der Eier- und Buttermasse gut vermischen
4	Eiklar	zu einem festen Schnee schlagen und vorsichtig unter die Kartoffelmasse heben
700g	Schattenmorellen (aus dem Glas)	abtropfen lassen und in eine separate Schüssel geben.
3 EL	Semmelbrösel	unter die Schattenmorellen mischen und die Früchte dann vorsichtig unter den Kartoffel- teig heben.

Die fertige Füllung wird dann auf dem ausgerollten Strudelteig verteilt und wie im Grundrezept beschrieben weiterverarbeitet.

Zweig mit Äpfeln - Susanne De Wille, Juli 2000

Apfelfüllung

Im Spätsommer und Herbst fallen in vielen Gärten große Mengen Äpfel an, aus denen man unter anderem auch diesen leckeren Apfelstrudel produzieren kann. Hierzu benötigt man für den Teig einen echten Strudelteig. Der Strudelteig sollte für den Apfelstrudel sehr dünn ausgerollt werden. Er wird dann mit viel Äpfeln gefüllt und in mehreren Drehungen aufgerollt. Damit der Teig dabei nicht reißt, sollten die Äpfel sehr fein geschnitten, bzw. auf einer Küchenmaschine mit der groben Scheibe geraspelt sein!

1½kg	Äpfel	schälen, die Kerngehäuse entfernen, die Äpfel grob raspeln und in eine Schüssel geben.
1 TL	gemahlenen Zimt	über die geraspelten Äpfel verteilen.
200g	Zucker	über die geraspelten Äpfel verteilen.
300g	Rosinen	in die Schüssel geben.
70g	Semmelbrösel	in die Schüssel geben, alles gut vermischen und sofort auf dem ausgerollten Strudelteig verteilen.

Die fertige Füllung wird dann auf dem ausgerollten Strudelteig verteilt und wie im Grundrezept beschrieben weiterverarbeitet.
Es ist wichtig, daß die Apfelmischung sofort nach ihrer Herstellung auf dem Teig verteilt wird und die Strudel gerollt und gebacken werden. Der Zucker zieht sonst Flüssigkeit aus den Äpfeln und der Saft geht praktisch verloren, da er ausläuft und auf dem Backblech festbrennt.

Kirschfüllung

Hat man in der Haupterntezeit der Kirschen einen Ernteüberschuß, gibt es kaum eine Möglichkeit, die Kirschen zu verwenden, die wohlschmeckender wäre als dieser Kirschstrudel!

100g	Butter	in einem Topf zerlassen.
100g	Semmelbrösel	in der Butter anrösten und vom Herd nehmen.
120g	Zucker	mit den Semmelbröseln mischen.
1	Päckchen Vanillezucker	mit den Semmelbröseln mischen.
100g	Rosinen	mit den Semmelbröseln mischen.
1½kg	Kirschen	entsteinen und mit den restlichen Zutaten mischen.

Die fertige Füllung wird dann auf dem ausgerollten Strudelteig verteilt und wie im Grundrezept beschrieben weiterverarbeitet.

Topfenfüllung

Wer diese Spezialität einmal genossen hat wird davon überzeugt sein, daß es nicht immer ein Stück Fleisch braucht, um eine leckere Mahlzeit zu servieren. Eine deftige Suppe und anschließend diesen Topfenstrudel - dafür würde ich jeden Braten stehen lassen. Versuchen Sie es, und Sie werden zu der gleichen Ansicht kommen!

1kg	Quark	in eine Schüssel geben.
200g	weiche Butter	in die Schüssel geben.
100g	Rosinen	in die Schüssel geben.
100g	Puderzucker	in die Schüssel geben.
1	Prise Salz	in die Schüssel geben.
8	Eigelb	in die Schüssel geben.
2	Päckchen Vanillezucker	in die Schüssel geben und alle Zutaten cremig rühren.
1	unbehandelte Zitrone	Die Schale fein reiben und in die Schüssel geben. Den Saft auspressen und ebenfalls in die Schüssel geben.
8	Eiklar	in einer separaten Schüssel zu einem steifen Schnee schlagen und den Eischnee dann vorsichtig unter die Quarkcreme heben.

Die fertige Füllung wird dann auf dem ausgerollten Strudelteig verteilt und wie im Grundrezept beschrieben weiterverarbeitet.

Topfenauflauf

Will man sich die Mühe mit dem Strudelteig und dem Aufrollen des Strudels sparen, kann man auch einfach Nudeln dafür verwenden. Man kocht 500g bis 700g Bandnudeln (andere eignen sich irgendwie nicht dafür!) separat und gibt sie in eine gut gefettete Auflaufform. Die Quarkfüllung bereitet man wie oben beschrieben und hebt sie unter die Nudeln. Bevor der Auflauf in den Ofen geschoben wird, verteilt man darauf großzügig Butterflocken. Der Auflauf wird dann bei 180°C ca. 40 Minuten gebacken, beim Abschalten des Ofens wird er nochmals mit Butter bestrichen und ebenfalls mit Puderzucker bestäubt.

Kürbisfüllung

Dieses Rezept ist rumänischen Ursprungs und stellt eine der besten Verwendungsmöglichkeiten für Kürbis dar. Sie sollten es unbedingt einmal versuchen. Danach werden Sie bestimmt Kürbis in Ihrem Garten anbauen!

Als Teig verwendet man z.B. ein ganzes Päckchen Blätterteig aus der Tiefkühltruhe (9 Platten). Die Teigplatten werden ca. 20 Minuten aufgetaut. Dann werden die Ränder der Teigplatten mit Eiklar bestrichen und ca. 1 cm überlappend als große Teigplatte auf ein sauberes Tuch gelegt, mit etwas Mehl bestäubt und ausgerollt. Die Breite der Teigplatte sollte auf keinen Fall die Blechbreite überschreiten.

Wer sich die Mühe machen will, kann auch einen selbst gefertigten Blätterteig nehmen, wie er bei den Cremeschnitten in diesem Buch beschrieben ist. Man kann aber auch den ganz normalen Strudelteig verwenden, wie er im Grundrezept dieses Kapitels beschrieben ist. Versuchen Sie selbst, welche Variante Ihnen am Besten zusagt!

30g Butter	zerlassen und die Teigplatte damit bestreichen.
100g Grieß	auf den ausgerollten Strudelteig oder Blätterteig streuen.
1kg Kürbis	geschält, und von den faserigen Innenteilen befreit, auf einer Gemüsereibe fein reiben und gleichmäßig über den Grieß verteilen.
250g Puderzucker	gleichmäßig über den Kürbis verteilen
100g Grieß	abschließend über den Puderzucker verteilen. Der Grieß quillt beim Backen und nimmt die Feuchtigkeit auf.

Der fertige Strudel wird dann wie im Grundrezept beschrieben weiterverarbeitet.

Apfelbite

4 bis 6 Portionen

Diesen Apfelauflauf bezeichnet man als "Apfelbite". Es ist eine der klassischen Süßspeisen, die man nach einer Suppe verzehrt, und die so eine wunderbare, eigenständige Mahlzeit bildet.

500g	Mehl	in eine Schüssel geben.
300g	Butter	zum Mehl in die Schüssel geben.
2	Eigelb	in die Schüssel geben.
150g	Zucker	in die Schüssel geben.
100ml	warme Milch	in eine Tasse gießen.
15g	Hefe (½ Würfel)	in die warme Milch krümeln und darin auflösen. Die Mischung wird dann zu den anderen Zutaten in die Schüssel gegossen und alles zu einem geschmeidigen Teig gerührt.
2	Eiklar	zu einem steifen Schnee schlagen und unter den Teig mischen. Den Teig dann ca. ½ Stunde an einem warmen Platz gehen lassen.
500g	Äpfel	schälen, entkernen und fein reiben.
100g	Zucker	unter die geriebenen Äpfel mischen.
50g	Semmelbrösel	unter die geriebenen Äpfel mischen. Dadurch wird die Flüssigkeit etwas aufgesaugt. Der Teig wird, nachdem er gegangen ist, auf einem Backbrett ca. 1 cm dick ausgerollt und in 2 Teile geschnitten. Mit einem Teil legt man ein gefettetes Backblech aus. Die Apfelfüllung wird dann auf den Teigboden gegeben. Die andere Hälfte des Teiges schneidet man in ca. 1 cm breite Streifen und legt sie gitterförmig auf die Apfelfüllung.
50g	Butter	Den Auflauf mit Butterflöckchen bestreuen und bei 180°C ca. 45 Minuten backen.

Den fertigen Auflauf serviert man noch warm und reicht dazu frischen Kaffee.

Grammelnpogatschen

4 bis 6 Portionen

Streng genommen handelt es sich hierbei um kein vegetarisches Essen. Es ist eine Mehlspeise, die mit Grammeln (das sind Grieben, also in der Pfanne ausgelassene Speckwürfel) zubereitet wird. Die Grammeln müssen absolut frisch sein. So erhält man kleine, herrlich duftende Kuchen, die man mit einem frischen Salat serviert, oder auch einfach als Zwischenmahlzeit genießen kann.

500g	Mehl	auf ein Backbrett geben.
500g	Grieben	im Fleischwolf durch die kleinste Scheibe drehen und zum Mehl auf das Backbrett geben.
½ TL	Salz	zum Mehl geben.
1	Prise Pfeffer	zum Mehl geben.
1 EL	Essig	zum Mehl geben.
200g	Sauerrahm	unter das Mehl mischen und alles zu einem geschmeidigen Teig kneten.

Den Teig läßt man dann ca. 1 - 2 Stunden ruhen. Danach wird er ca. 1 cm dick ausgerollt. Mit einem Krapfenstecher, bzw. einem großen Glas, werden die Pogatschen ausgestochen und auf ein Backblech gelegt. Die Kuchen werden dann mit verquirltem Ei bestrichen und ca. 20-30 Minuten bei ca. 180°C gebacken. Sie müssen goldbraun sein, aber dürfen nicht verbrennen! Am besten schmecken sie heiß!

Zuckermais - Susanne De Wille, Juli 2000

Djuvecs

4 bis 6 Portionen

Diese Variante des Djuvecs ist als eigenständige fleischlose Mahlzeit geacht, kann aber auch als reichhaltige Beilage zu verschiedenen Fleischgerichten dienen. Die Vorgehensweise ist wie beim Djuvecs mit Hähnchen. Man nimmt auch hierzu einen großen, schweren Topf mit gut schließendem Deckel. Auf das Fett zum Andünsten der Zutaten sollte man auf keinen Fall verzichten, da sonst das Djuvecs eventuell anbrennt.

5 EL	Pflanzenöl	in den Topf geben und erhitzen.
2	Zwiebeln	, geschält und fein geschnitten, in den Topf geben und andünsten.
1	kleine Stange Lauch	waschen, in Ringe schneiden und in den Topf geben.
2	große grüne Paprika-schoten	das Kerngehäuse entfernen, waschen, in feine Streifen schneiden und zu den Zwiebeln in das Fett geben.
2	große rote Paprika-schoten	das Kerngehäuse entfernen, waschen, in feine Streifen schneiden und zu den Zwiebeln in das Fett geben.
300g	Zuckermais	(Kerne aus der Dose oder Tiefkühlware) in den Topf geben.
2 EL	süßes Paprikapulver	in den Topf geben.
2 TL	Salz	in den Topf geben.
2	Lorbeerblätter	in den Topf geben und alles ca. 3 Minuten im Fett andünsten.
400g	Langkornreis	in den Topf geben und kurz mit anbraten.
2	Dosen Tomaten (450ml)	in den Topf geben.
½	Liter Wasser	in den Topf gießen.

Sobald alle Zutaten im Topf sind, wird die Flüssigkeit darin zum Kochen gebracht. Dann wird der Topf geschlossen und die Herdplatte auf die niedrigste Stufe geschaltet. Der Topf soll dann mindestens eine Stunde nicht geöffnet werden. Ab und zu kann man den Topf rütteln, um den Inhalt etwas umzuverteilen. Die Kochzeit beträgt ca. 1 bis 1½ Stunden. Fertig ist das Djuvecs, wenn der Reis die Flüssigkeit vollständig aufgesogen hat. Er sollte feucht sein, aber nicht in Flüssigkeit stehen.

Gebackener Blumenkohl

4 Portionen

Gebackener Blumenkohl ist eine besonders leckere Mahlzeit und beweist wieder einmal, daß es nicht immer ein Fleischgericht sein muß, wenn es darum geht, etwas Delikates auf den Tisch zu bringen.

Beim Kochen des Blumenkohls ist es wichtig, genügend Salz in das Kochwasser zu geben, da er sonst auslaugt und nicht besonders schmeckt.

Dieses Rezept dient mir selbst oft zur Resteverwertung. Wenn vom Vortag noch gekochter Blumenkohl übrig ist, kann man daraus Erstaunliches zaubern.

Bei Groß und Klein eine beliebte Mahlzeit!

1 großer Kopf Blumenkohl	putzen, in die einzelnen Röschen zerlegen, waschen und in Salzwasser ca. 20 - 30 min gar kochen. Der Blumenkohl muß richtig gar sein, sollte aber noch nicht zerfallen. Den Blumenkohl aus dem Wasser nehmen und in einem Sieb abtropfen lassen.
2 rohe Eier	aufschlagen, in einen Suppenteller geben und verquirlen.
100g Semmelbrösel	in einen Suppenteller geben.
250g Butter	in einer Pfanne erhitzen. Die Blumenkohl Röschen kurz in das verquirlte Ei eintauchen, in den Semmelbrösel wenden und in der heißen Butter herausbacken.

Die Pfanne sollte einen kleinen Durchmesser haben, da sonst die Panade nicht mit der Butter in Berührung kommt. Man kann anstatt einer Pfanne auch einen kleinen Edelstahltopf nehmen. Benutzt man eine Friteuse und normales Fritierfett, läßt sich der Blumenkohl zwar leichter backen, aber er bekommt dadurch nicht den guten Buttergeschmack.

Zum gebackenen Blumenkohl serviert man am besten Salzkartoffeln und einen Blattsalat.

Kürbis - Susanne De Wille, Juli 2000

Gebackener Kürbis

4 bis 6 Portionen

Im Herbst fällt bei uns im Garten meistens eine große Menge Kürbisse an. Man kann sie problemlos mehrere Wochen oder gar Monate im Keller lagern. Einmal angeschnitten, muß ein Kürbis jedoch bald verbraucht werden. Neben Kürbissuppe gibt es dann bei uns öfters auch dieses Kürbisgemüse, das man zu jeglicher Art von Fleisch servieren kann oder auch als eigenständiges, vegetarisches Essen sehr lecker ist.

1kg	Kürbis	schälen, die Kerne und Fasern der Kürbismitte entfernen und den Kürbis in größere Stücke schneiden. Die Kürbisstücke werden dann in eine Auflaufform gelegt. Sie sollten dabei nicht übereinander liegen.
2 EL	Zitronensaft	über die Kürbisstücke gießen.
½ TL	Salz	die Kürbisstücke damit würzen.
1	Prise Pfeffer	die Kürbisstücke damit würzen.
1	Prise Muskatnuß	die Kürbisstücke damit würzen.
¼ TL	scharfen Paprika	die Kürbisstücke damit würzen.
½ TL	süßen Paprika	die Kürbisstücke damit würzen.
70g	harte Butter	die Butter zu Flocken schneiden und über dem Kürbis verteilen. Danach wird die Auflaufform mit einem Deckel geschlossen und in den Ofen geschoben. Der Kürbis wird dann bei 200 °C etwa 45 bis 60 Minuten gebacken.
2 EL	Petersilie	waschen, fein hacken und in eine Schüssel geben.
200g	Sauerrahm (1 Becher)	mit der Petersilie mischen, über die gebackenen Kürbisstücke gießen und sofort servieren.

Als Variante kann man eine zerdrückte Knoblauchzehe mit dem Zitronensaft mischen und vor dem Backen über dem Kürbis verteilen. Dazu serviert man am besten Reis oder knuspriges Weißbrot.

Zucchinigemüse

4 bis 6 Portionen

Zucchini muß bei der Zubereitung gleich richtig gewürzt werden, damit die Gewürze beim Kochen richtig einziehen können. Späteres Nachwürzen ist somit die schlechtere Alternative! Dieser ungarische Zucchinipaprikas ist eine sehr leckere Mahlzeit! Wenn Sie Zucchini im Garten haben, und diesen für den Zucchinipaprikas verwenden wollen, sollten Sie sie nicht zu groß werden lassen. Die Schale wird sonst hart und die Samenkörner, sowie das schwammige Gewebe um die Samenkörner, können außerdem nicht verzehrt werden. Weniger an Masse ist auf jeden Fall ein Mehr an Qualität!

4	große Zwiebeln	schälen und in dicke Ringe schneiden, bzw. vierteln.
4 EL	Pflanzenöl	in einem großen Topf erhitzen, und die Zwiebelringe darin scharf anbraten.
1kg	Zucchini	waschen, den Stiel entfernen, und in ca. 5 mm dicke Scheiben schneiden. Wenn die Zwiebeln braun sind, den geschnittenen Zucchini in den Topf geben und kräftig mit anbraten, aber nicht anbrennen lassen!
1 TL	Salz	in den Topf geben.
2	Knoblauchzehen	in den Topf geben.
2 EL	süßes Paprikapulver	in den Topf geben.
½ TL	scharfes Paprikapulver	in den Topf geben, und den Topf mit einem gut schließenden Deckel zudecken.
4	Tomaten	waschen, vierteln und in den Topf geben.

Das Zucchinigemüse wird dann ca. 20 Minuten gegart. Dabei sollte man darauf achten, daß es nicht anbrennt. Bei Bedarf kann deshalb etwas Wasser angegossen werden. Man sollte es aber nicht zu wäßrig machen! Außerdem ist zu berücksichtigen, daß sich aus dem Gemüse beim Garen Flüssigkeit herauskocht.

Zu diesem Gemüse serviert man am besten Reis. Es passen aber auch Bandnudeln hervorragend dazu!

Beilagen

Nockerln

4 bis 6 Portionen

Diese Nockerln sind kleine, feste und kernige Knödel, von der Form und größe einer Erbse, und werden aus Mehl zubereitet. Als Beilage zu Fleischgerichten sind sie auf jeden Fall bei Groß und Klein sehr beliebt!

4	rohe Eier	in die Schüssel geben.
2 EL	Wasser	in die Schüssel geben.
½ TL	Salz	in die Schüssel geben .
500g	Mehl	in die Schüssel geben und mit den anderen Zutaten gut vermischen. Es soll ein fester Teig entstehen. Den Teig noch ca. ½ Stunde ruhen lassen.
2-3	Liter Salzwasser	in einem Topf zum Kochen bringen, die Nockerln mit einem Teigschaber etwa in der Größe einer Erbse abstechen und in das Salzwasser legen. Wenn die Nockerln an der Oberfläche schwimmen, werden sie noch 5min auf kleiner Flamme weiter gekocht.

Die fertigen Nockerln werden mit einem Schaumlöffel aus dem Wasser genommen, sofort mit dem Fleisch auf einer Platte angerichtet und noch heiß serviert.

Das Grundrezept ist im ganzen Süddeutschen Raum sehr verbreitet. In Schwaben werden daraus die Spätzle gemacht, wobei der Teig dabei etwas weicher und zum Trocknen nicht geeignet ist. In der Donauebene verwendet man die gleichen Zutaten in einem etwas anderen Verhältnis und erhält einen festeren Teig, der geschnitten oder gerieben werden kann.
Die Nockerln können auch getrocknet werden und dienen so als Vorrat, den man schnell zur Hand hat. Dabei kann man das oben beschriebene Rezept einfach vervielfachen um einen größeren Vorrat anzulegen. Die Nockerln werden nach dem Reiben auf Geschirrtüchern ausgebreitet und dann ca. 3 bis 4 Tage lang getrocknet. Vorzugsweise sollte man das an heißen Sommertagen tun. Sind die Stücke zu groß, oder feuchtes Wetter verzögert die Trocknung, kann das ganze Unternehmen auch mißlingen! Auf jeden Fall sollte man die

trocknenden Nockerln täglich durchsehen und zu große Stücke teilen, bzw. Stücke, die sich berühren, trennen. Die Nockerln müssen ganz hart werden und können dann in einer Schüssel oder Dose mit Deckel lange Zeit aufbewahrt werden.

Die getrockneten Nockerln kann man mit folgendem Rezept wieder in eine leckere Beilage verwandeln (4 bis 6 Portionen). Als Dauerkonserve sind sie schnell bei der Hand und außerdem leicht zubereitet. Serviert man die Nockerln zu einer Mahlzeit, in der ohnehin schon reichlich Paprikapulver verwendet wird, kann man es hier auch weglassen.

4 EL	Butter	in einem Topf zerlassen.
100g	getrocknete Nockerln	in der Butter kurz anbräunen.
1 TL	Salz	in den Topf geben.
1 EL	süßes Paprikapulver	in den Topf geben.
½	Liter Wasser	in den Topf geben. Den Topf dann mit einem gut schließenden Deckel zudecken und den Herd auf kleinste Flamme zurückschalten. Die Nockerln köcheln und quellen dann ca. 30 Minuten. Das Wasser wird dabei vollständig aufgesogen.

Gegen Ende der Garzeit sollte man die Nockerln kontrollieren. Sie sollten nicht anbrennen. Wenn sie noch nicht weich sind, und trotzdem die ganze Flüssigkeit aufgesogen wurde, sollte man noch etwas Wasser hinzufügen. Wieviel Wasser benötigt wird, hängt unter anderem vom Trocknungsgrad der Nockerln ab und davon, wie dicht der Topf schließt.
Als Beilage kann man die Nockerln fast überall servieren, wo man sonst Nudeln reichen würde.

Nudeln

4 bis 6 Portionen

Nudeln sind sehr vielfältig. Ob als Beilage zu Braten und anderen Fleischgerichten, oder fein geschnitten als Suppeneinlage, sind sie allerseits beliebt.
Wer öfter selbst Nudeln macht, sollte sich eine Nudelmaschine zulegen. Damit
geht das Kneten und anschließende Schneiden wesentlich einfacher und
schneller. Wir haben ein schweres, italienisches Modell, das sich gut bewährt
hat, zumal man damit verschiedenste Formen und sogar Ravioli herstellen
kann.

3 rohe Eier	in eine Schüssel schlagen.
3 EL Wasser	in die Schüssel geben und mit den Eiern gut verrühren.
1 Prise Salz	in die Schüssel geben.
400g Mehl	in die Schüssel geben und mit den Eiern zu einem geschmeidigen Teig kneten.

Nachdem der Teig in der Schüssel soweit geknetet ist, daß er sich vom Rand
löst und beginnt geschmeidig zu werden, legt man ihn auf ein bemehltes
Backbrett und knetet ihn von Hand richtig durch. Danach wird er dünn
ausgerollt. Er sollte ca. 1-2 mm dick sein. Mit einem Messer schneidet man
dann die Nudeln in die gewünschte Form und läßt sie auf dem Backbrett ca. 1
Stunde antrocknen. Dazu schneidet man den ausgerollten Nudelteig in 2 oder 3
jeweils 10 cm breite horizontale Streifen. Diese Streifen werden dann nochmals
vertikal in 1-2 cm breite Streifen geschnitten. Dadurch erhält man die
klassischen und begehrten Bandnudeln.
Will man sehr dünne Nudeln schneiden, z.B. als Suppeneinlage, kann man den
Teig zuerst ca. 30 Minuten antrocknen lassen. Dann rollt man ihn auf und
schneidet mit einem sehr scharfen Messer die Nudeln in gewünschter Dicke
von der Rolle ab. Danach die geschnittenen Nudeln nochmals ca. 30 Minuten
trocknen lassen.
Die Nudeln kocht man dann in Salzwasser ca. 5-10 Minuten.
Stilgerecht und besonders lecker ist es, wenn man etwas Butter (50g) zerläßt,
darin ca. 50g Semmelbrösel anröstet und diese unter die servierfertigen Bandnudeln mischt.

Reis

4 bis 6 Portionen

Man sollte eigentlich annehmen, daß man für einen einfachen Reis als Beilage kein extra Kochrezept braucht. Das es aber immer wieder vorkommt, daß Reis falsch gekocht wird, ist hier ein Rezept aufgeführt. Die Unsitte, Reis in einer großen Menge Wasser zu kochen, und ihn dann in ein Sieb zu schütten, ist fast schon der Standard des Küchenalltags. Dabei gehen wertvolle Nährstoffe und Vitamine verloren. Sie werden einfach mit dem Kochwasser weggeschüttet. Kochen Sie einmal ihren Reis auf serbische Art. Das Prinzip ist schon beim Djuvecs zu sehen. Die Kochflüssigkeit wird nämlich vom Reis komplett aufgesaugt. Man muß nur einen einfachen Volumenanteil Reis und den doppelten Volumenanteil Wasser nehmen und alles wird perfekt!

1 EL	Pflanzenöl	in einem Topf erhitzen.
2	Tassen Reis	in den Topf schütten und unter ständigem Umrühren anbraten. Der Reis darf nicht anbrennen!
½ TL	Salz	in den Topf geben.
4	Tassen Wasser	den Reis damit ablöschen. Anschließend wird der Reis wieder zum Kochen gebracht. Sobald er kocht, wird der Topf mit einem gut schließenden Deckel zugedeckt und der Reis auf kleinster Flamme ca. 20 Minuten geköchelt.

Gegen Ende der Kochzeit muß man darauf achten, daß der Reis nicht anbrennt. Man rührt ihn deshalb ab und zu um und kontrolliert den Flüssigkeitsstand. Ist die Flüssigkeit fast aufgesogen, macht man den Herd am besten ganz aus und läßt den Reis nur noch selbst quellen. Auf keinen Fall darf noch Flüssigkeit zugefügt werden! Als Maß für die Volumensanteile nehme ich ein "Kaffeehaferl" mit ca. 200 bis 250 ml Inhalt. Verwenden Sie also keine Standardtasse, sonst werden die 4 bis 6 Personen nicht satt. Man kann den Reis auch auf verschiedenste Weise variieren. Ersetzt man z.B. das Salz durch Suppenwürze, erhält er einen ganz anderen Geschmack. Man kann auch zum Salz noch andere Gewürze beifügen. Curry, Kurkuma oder Kardamon schmeckt besonders lecker. Ein paar Mandelsplitter und Rosinen in reichlich Butter geröstet dazu, und man hat einen wohlschmeckenden arabischen Reis.

Bratkartoffeln

4 bis 6 Portionen

In schlechteren Zeiten war die Kartoffel eines der Standardessen. Es gab sie meist mehrmals am Tag. Vor allem im Winter wurde früh Morgens ein großer Topf Kartoffeln gekocht. Die Kinder bekamen dann in jede Manteltasche eine mittelgroße, heiße Kartoffel wenn sie auf den Schulweg geschickt wurden. Das war ein praktischer Händewärmer und außerdem gleich die Pausenmahlzeit für die Schule.
Die Mutter bereitete dann aus einem Teil der Kartoffeln z.B. gleich einen Knödelteig für Mittags. Es blieben dann aber noch eine gute Anzahl sehr kleiner Kartoffeln übrig. Keiner wollte sie gerne schälen, schon gar nicht in heißem Zustand. Irgendein Helfer fand sich jedoch um sie, inzwischen kalt geworden, vor dem Abendessen zu schälen. Daraus ließen sich herrliche Bratkartoffeln zubereiten!

2 EL	Schweineschmalz	in einer großen Pfanne erhitzen.
1kg	kleine Kartoffeln	Im Fett von allen Seiten knusprig anbraten. Die Kartoffeln müssen bereits gekocht und geschält sein und sollten etwa die Größe einer Walnuß haben. Größere Kartoffeln werden eventuell in entsprechende Stücke geschnitten.
¼ TL	Salz	die Kartoffeln während des Anbratens damit würzen.
1	Prise Pfeffer	über die Kartoffeln verteilen.
1 EL	Petersilie	fein hacken und vor dem Servieren über die Kartoffeln verteilen.

Es ist wichtig, daß möglichst kleine ganze Kartoffeln verwendet werden, die in möglichst heißem Fett knusprig gebraten werden. Verwendet man große Kartoffeln, die man in Scheiben schneidet, erhält man eher ein "Schweizer Rösti".

Kartoffelbrei

4 bis 6 Portionen

Kartoffelbrei wird heute meistens aus dem Päckchen zubereitet. Das geht zwar schneller, ist aber nicht das Original! Den Unterschied merkt man erst, wenn man beide Arten einmal nebeneinander probiert. Zur Zeit meiner Großeltern gab es noch kein Kartoffelpulver zu kaufen. Deshalb mußte er einfach selbst gemacht werden. Dazu benötigt man einem Kartoffelstampfer oder eine Kartoffelpresse. Eine Kartoffelpresse ist in Haushalten, in denen Kartoffelknödel frisch gemacht werden, ohnehin vorhanden. Mit einem richtigen Kartoffelstampfer, der für ein paar Mark im Haushaltswarengeschäft zu haben ist, geht es aber leichter und schneller. Außerdem bleiben einige Kartoffelstückchen im Brei, die nicht vollständig zerdrückt werden. Das ist eines der Merkmale eines handgemachten Kartoffelbreis. Hier ist das Rezept für diese leckere Beilage.

8-10 große Kartoffeln	waschen und mit der Schale in reichlich Wasser gar kochen. Die Kartoffeln noch heiß schälen und in eine Schüssel mit möglichst flachem Boden geben.
½ Liter Milch	bis kurz vor den Siedepunkt erhitzen und die Hälfte zu den Kartoffeln in die Schüssel gießen.
½ TL Salz	in die Schüssel geben
1 Prise Muskatnuß	in die Schüssel geben
100g Butter	in die Schüssel geben. Mit einem Kartoffelstampfer werden die Kartoffeln zerdrückt. Dabei wird nach und nach die restliche Milch dazugegossen.
2 EL Petersilie	fein hacken und damit den Kartoffelbrei vor dem Servieren bestreuen.

Eventuell muß man noch mit etwas Salz nachwürzen. Bei älteren Kartoffeln, die mehr aufsaugen, braucht man unter Umständen wesentlich mehr Milch. Die Konsistenz des Kartoffelbreis sollte jedenfalls cremig und locker sein.

Kartoffelpuffer

4 bis 6 Portionen

Diese Kartoffelpuffer sind eine leckere Beilage z.B. zu einer deftigen Suppe. Man serviert sie anstatt Weißbrot, oder aber auch einfach als Zwischenmahlzeit bzw. bei einer Party. Dazu werden sie dann nach belieben pikant gewürzt. Als Hauptmahlzeit sind sie natürlich auch geeignet! Versuchen Sie einfach einmal die Salzmenge auf eine kleine Prise zu reduzieren. Zu den knusprig gebackenen Kartoffelpuffern wird dann einfach ein Apfelmus oder ein Fruchtkompott serviert.

100	ml lauwarme Milch	in eine Schüssel geben
½	Würfel Hefe	in die Milch krümeln
½ TL	Zucker	in die Milch geben und gut verrühren, bis sich die Hefe aufgelöst hat, dann ca. 5 Minuten stehen lassen
250g	gekochte Kartoffeln	noch heiß schälen, in einer Kartoffelpresse zerdrücken und in die Schüssel geben.
½ TL	Salz	in die Schüssel geben
200g	Mehl	in die Schüssel geben und alle Zutaten zu einem glatten Teig verkneten. Den Teig dann ca. 30 Minuten gehen lassen. Dann wird der Teig auf einem bemehlten Backbrett ca. 1 cm dick ausgerollt und die gewünschte Form der Kartoffelpuffer ausgestochen oder zurechtgeschnitten.
200g	Schweineschmalz	in einer Pfanne erhitzen und die Kartoffelpuffer darin von beiden Seiten herausbacken. Vor dem Backen werden die Kartoffelpuffer mit einer Gabel angestochen.

Die Kartoffelpuffer müssen goldbraun sein. Das Fett darf nicht zu heiß werden, sonst verbrennen sie. Da der Teig beim Backen viel Fett aufsaugen kann, muß man bei Bedarf während des Backens mehr Schmalz zufügen. Die pikanten Kartoffelpuffer kann man mit Paprika, Salz und zerdrücktem Knoblauch würzen. Am besten stellt man sich eine Mischung her und reibt die Kartoffelpuffer nach dem Backen damit ein.

Blumenkohl

4 bis 6 Portionen

Als Beilage zu Braten, Schnitzel oder Hähnchen ist dieser Blumenkohl bestens geeignet. Man kann ihn aber auch als vegetarischen Hauptgang servieren. Dabei sollte man beachten, daß die Portionen etwa verdoppelt werden. Für die genannte Anzahl von Personen brauchen Sie also 2 Blumenkohlköpfe. Dazu serviert man Pellkartoffeln oder Salzkartoffeln.

1 großen Blumenkohl	in große Röschen zerlegen, den Strunk entfernen, in Salzwasser waschen und dann in Salzwasser ca. 20-30 Miunten kochen. Der Blumenkohl muß gar sein, sollte aber nicht zerfallen. Den Blumenkohl dann herausnehmen, abtropfen lassen und in eine Schüssel geben.
100g Butter	in einem Topf zerlassen.
¼ TL Salz	in den Topf geben.
100g Semmelbrösel	in der Butter anrösten, aber nicht anbrennen lassen. Die Mischung dann über den Blumenkohl verteilen, eventuell untermischen und sofort servieren.

Anstatt Blumenkohl kann man auch Broccoli verwenden. Größere Strünke sollten Sie schälen, da die Schale sehr hart und faserig sein kann. Außerdem kocht der Broccoli gleichmäßiger, wenn man große Strünke halbiert. Ansonsten wird wie mit dem Blumenkohl verfahren. Zum Kochen von Broccoli und Blumenkohl sollten sie einen großen Topf mit gut schließendem Deckel nehmen. Man braucht auch nur sehr wenig Wasser zum Kochen. Das Gemüse sollte nicht in Wasser schwimmen, es verhindert nur das Anhängen am Topfboden. Währen des Kochens wird es dann ab und zu umgerührt. Dadurch wird das Gemüse praktisch nur gedämpft und man schüttet die Vitamine und Mineralien nicht alle mit dem Kochwasser weg. Gegen Ende der Kochzeit sollte dann das Kochwasser weitgehend verdampft sein. Versuchen Sie einmal als Variante, das Gemüse mit den 100g Butter und 100g Mandelblättchen zu verfeinern, die am Ende der Garzeit einfach untergemischt werden. Reste vom Kochwasser sollten dann aber vorher entfernt werden!

Grüne Bohnen

4 bis 6 Portionen

Grüne Bohnen sind eine schmackhafte Beilage zu Braten und sonstigem Fleisch. Die süßsauere Soße und der Dill machen diese Bohnen zu einem besonderen Genuß, den man sich nicht entgehen lassen sollte. Einen herzhaften Eintopf kann man daraus machen, wenn man in Scheiben geschnittene Paprikawurst mitkocht und vor dem Servieren gekochte Kartoffeln zufügt. Eine weitere leckere Variante erhält man, wenn man Zucker und Essig wegläßt und durch eine zerdrückte Knoblauchzehe ersetzt, die mit der Zwiebel angebraten wird.

750g grüne Bohnen	putzen, waschen, schneiden, in wenig Salzwasser kochen, aus dem Wasser nehmen und abtropfen lassen. Die Bohnen sollten gar sein, aber nicht zerfallen!
2 EL Butter	in einem Topf zerlassen.
1 Zwiebel	schälen, fein schneiden und in der Butter anbraten.
2 EL Mehl	in das Fett und die Zwiebeln einrühren.
100 ml Wasser	in die Mehlschwitze einrühren.
½ TL Zucker	in die Mehlschwitze einrühren.
2 EL Essig	in die Mehlschwitze einrühren.
1 Prise Salz	in die Mehlschwitze einrühren.
1 Prise Pfeffer	in die Mehlschwitze einrühren.
1 EL frischen Dill	fein hacken, in die Mehlschwitze einrühren, die Bohnen dazugeben und alles nochmals kurz erwärmen. Sollte die Soße zu dick sein, kann man noch etwas Wasser zugeben.

Für dieses Rezept sollte man entweder frisch gepflückte Bohnen oder eingefrorene verwenden. Sehr viel hängt von der Qualität der Bohnen ab. Überreife Bohnen mit Faden sind natürlich nicht so schmackhaft, wie frische, junge Bohnen einer fadenlosen Sorte.

Spinat

4 Portionen

Das Rezept für dieses schmackhafte Spinatgemüse ist serbischenen Ursprungs. Als Beilage eignet er sich z.B. zu gebratenem Fleisch, oder man kocht ihn als eigenständige Mahlzeit mit Spiegeleiern und Salzkartoffeln. Man sollte dazu am besten frischen Spinat aus dem Garten verwenden. Es kann auch Mangold verwendet werden, der allerdings im Geschmack etwas anders ist. Hat man keinen Spinat oder Mangold im Garten, kann man auch auf gefrorenen Blattspinat zurückgreifen.

500g frischen Spinat	waschen, die Stiele entfernen und in Salzwasser ca. 5 Minuten kochen. Den Spinat dann herausnehmen und abtropfen lassen. Nachdem er abgetropft ist, wird er in etwa 2 cm breite Streifen geschnitten.
2 EL Butter	in einem Topf zerlassen.
1 kleine Zwiebel	sehr fein schneiden und in der Butter andünsten.
1 Knoblauchzehe	zerdrücken und in der Butter andünsten.
¼ TL Salz	in den Topf geben.
1 Prise Pfeffer	in den Topf geben. Danach wird der geschnittene Spinat ebenfalls in den Topf gegeben, mit den anderen Zutaten gut vermischt und nochmals erhitzt.
200g Sauerrahm (1 Becher)	unter den Spinat mischen und das fertige Gericht sofort vom Herd nehmen.

Verwendet man gefrorenen Spinat, sollte er zuerst vollständig aufgetaut werden. Der tiefgefrorene Spinat ist normalerweise schon blanchiert bzw. vorgekocht und man gibt ihn ohne weiteres Vorkochen in die heiße Butter- und Zwiebelmischung, läßt ihn noch ca. 5 Minuten andünsten und gut erwärmen, bevor der Sauerrahm untergemischt wird.

Zucchini mit Dill

4 bis 6 Portionen

Das hier beschriebene Zucchinigemüse ist besonders lecker. Es ist süßsauer und hat einen feinen Dillgeschmack. Als Beilage zu gebratenem Fleisch, Würstchen oder Fisch ist es sehr beliebt. Die Zubereitung ist einfach, erfordert aber etwas Planung, weil der Zucchini mit den Gewürzen und dem Essig gut durchziehen sollte. Am besten über Nacht, aber einige Stunden reichen auch.

1kg	Zucchini	waschen, in dünne Scheiben schneiden und in eine Schüssel geben.
1 TL	Salz	über den Zucchinischeiben verteilen.
½ TL	Zucker	über den Zucchinischeiben verteilen.
1	Prise Pfeffer	über den Zucchinischeiben verteilen.
1	Bund Dill	waschen, fein hacken und über den Zucchinischeiben verteilen.
100ml	Essig	über den Zucchinischeiben verteilen und alle Zutaten gut vermischen. Die Schüssel wird dann verschlossen und mindestens 3 Stunden im Kühlschrank aufbewahrt, damit der Zucchini durchziehen kann.
2 EL	Schweineschmalz	in einem großen Topf zerlassen.
2	große Zwiebeln	schälen, fein schneiden und im Fett anbraten. Dann den Zucchini in einem Sieb abtropfen lassen und dann mit den Zwiebeln im Fett andünsten. Der Zucchini wird ca. 15 Minuten gekocht, bis er glasig wird.
200g	Sauerrahm (1 Becher)	am Ende der Kochzeit unter das Zucchinigemüse mischen aber nicht mehr kochen lassen.

Als Variante kann man noch mit den Zwiebeln eine zerdrückte Knoblauchzehe andünsten. Dazu paßt Weißbrot oder Reis besonders gut.

Tomaten, Paprika und Zwiebel

4 bis 6 Portionen

Dieses leckere Mischgemüse hat seinen Ursprung in Serbien. Es wird dafür einfach verwendet, was in den Gärten der Donauebene wächst und im Sommer in Hülle und Fülle zur Verfügung steht, nämlich Paprika, Zwiebel und Tomaten. Als Beilage zu Fleisch oder einfach als eigenständiges Essen mit Reis und scharfer Paprikawurst, ist es vielfältig und schmackhaft. Jede Familie hat ihre eigenen Variationen. Um etwas farblichen Kontrast in das Essen zu bekommen, verwendet man am bestem gelben Spitzpaprika. Wer keinen Wert auf die Optik legt, sollte wegen des unvergleichlichen Aromas ungarischen Tomatenpaprika verwenden.

2 EL	Schweineschmalz	in einem Topf erhitzen.
2	große Zwiebeln	schälen, in Ringe schneiden und im Fett anbraten.
3	große rote Paprika-schoten	entkernen, waschen, in Streifen schneiden und im Fett mit den Zwiebeln dünsten.
3-4	große reife Fleisch-tomaten	waschen, würfeln und in den Topf geben.
½ TL	Salz	in den Topf geben.
1 EL	süßes Paprikapulver	in den Topf geben.
¼ TL	scharfes Paprikapulver	in den Topf geben und alle Zutaten ca. 15 Minuten dünsten.

Wenn Sie dem Mischgemüse Paprikawurst beigeben um daraus ein eigenständiges Essen zu bereiten, sollten Sie die Menge an Salz und scharfem Paprika reduzieren und das Gericht lieber am Ende abschmecken.

Sauerkraut

4 bis 6 Portionen

Sauerkraut ist eine jahrhundertealte Spezialität im Mittel- und Südeuropäischen Raum. Im Herbst, nach der Ernte der Kautköpfe, werden diese mit einem Krauthobel in feine Streifen geschnitten, leicht gesalzen und in saubere Steinguttöpf gepackt. Dabei ist es wichtig, daß das Kraut mit einem Holzstampfer so lange gestampft wird, bis sich so viel Flüssigkeit bildet, daß das Kraut davon bedeckt ist. Mit einem passenden Brett und einem sauberen Stein beschwert findet eine Milchsäuregärung statt, die das Kraut säuert und für mehrere Monate konserviert. Man kann es roh als Salat essen oder aber kochen. Als Beilage zu Fleisch oder Würstchen ist Sauerkraut sehr beliebt. Mit etwas Kümmel ist es bekömmlicher und schmeckt besonders lecker.

1kg	Sauerkraut	abtropfen lassen und in einen Topf geben.
¼	Liter Wasser	in den Topf geben.
1	Prise Pfeffer	in den Topf geben.
1	Lorbeerblatt	in den Topf geben.
5	Wacholderbeeren	in den Topf geben.
½ TL	Kümmel	in den Topf geben, alles vermischen und ca. ½ Stunde kochen, bis das Kraut weich ist.
1 TL	weiche Butter	in eine kleine Schüssel geben.
2 EL	Mehl	in die Schüssel geben und mit der Butter zu einem Teig vermischen. Den Teig unter ständigem Rühren im kochenden Kraut auflösen und nochmals ca. 3 min kochen lassen.

Die Zugabe von Salz ist normalerweise nicht nötig, da dem Kraut schon bei der Herstellung reichlich Salz beigefügt wurde. Das fertige Sauerkraut wird dann noch heiß serviert. Es läßt sich auch problemlos einfrieren oder am nächsten Tag aufwärmen. Aufgewärmt schmeckt es fast noch besser, als frisch gekocht!

Salate

Krautsalat

4 bis 6 Portionen

Rohes Kraut, wie es in diesem Salat verwendet wird, erzeugt nicht das Völlegefühl, das sich manchmal nach dem Genuß von gekochtem Kraut oder Sauerkraut einstellt. Das macht den Krautsalat zu einer idealen und preiswerten Beilage zu fast jedem Gericht, zu dem ein Salat gewünscht wird. Es ist wichtig, daß das geschnittene Kraut genügend gestampft oder gepreßt wird, so daß die Zellwände des Krauts platzen und Flüssigkeit austritt. Dieser Vorgang, der auch bei der Herstellung von Sauerkraut notwendig ist, macht das Kraut zarter und bekömmlicher.

1	Krautkopf	Die welken Blätter entfernen, den Strunk herausschneiden und mit einem Gemüsehobel in dünne Streifen hobeln. Das Kraut dann in einer Schüssel mit einem Krautstampfer oder Fleischklopfer so lange pressen, bis es mit Flüssigkeit bedeckt ist.
1	Zwiebel	fein reiben oder schneiden und zum Kraut in die Schüssel geben.
5	große Karotten	schälen, waschen, fein raspeln und in die Schüssel geben.
3 EL	Essig	in die Schüssel geben.
½ TL	Salz	in die Schüssel geben.
1	Prise Pfeffer	in die Schüssel geben.
5 EL	Pflanzenöl	in die Schüssel geben und den Salat mit sauberen Händen gut durchmischen.

Der fertige Salat sollte gekühlt serviert werden. Die Reste kann man 1 bis 2 Tage im Kühlschrank aufbewahren. Garnieren kann man den Krautsalat mit frischen Kräutern wie Petersilie, Schnittlauch oder den Blüten des Borretschkrauts.

Krautsalat mit Sauerrahm

4 bis 6 Portionen

Dieser Krautsalat ist eine Abwandlung des Grundrezepts. Er wird mit Sauerrahm angemacht und ist sehr erfrischend. Er paßt besonders gut zu gegrilltem Fleisch oder kann auch z.B. nur mit ein paar gekochten Eiern, Wurst und Käse als leichte, kalte Sommermahlzeit serviert werden.

1 Krautkopf	die welken Blätter entfernen, den Strunk herausschneiden und mit einem Gemüsehobel in dünne Streifen hobeln. Das Kraut dann in einer Schüssel mit einem Krautstampfer oder Fleischklopfer so lange pressen, bis es mit Flüssigkeit bedeckt ist.
1 Zwiebel	fein reiben oder schneiden und zum Kraut in die Schüssel geben.
2 Paprikaschoten	waschen, putzen, in kleine Würfel schneiden und in die Schüssel geben.
3 EL Essig	in die Schüssel geben.
½ TL Salz	in die Schüssel geben.
1 Prise Pfeffer	in die Schüssel geben.
600g Sauerrahm (3 Becher)	in die Schüssel geben und den Salat mit sauberen Händen gut durchmischen.

Als weitere Variante kann man auch etwas Sauerrahm durch 3-4 EL Mayonnaise ersetzen. Der fertige Salat sollte kühl serviert werden. Die Reste kann man 1 bis 2 Tage im Kühlschrank aufbewahren. Garnieren kann man den Krautsalat mit frischen Kräutern wie Petersilie, Schnittlauch oder den Blüten des Borretschkrauts.

Gurkensalat

4 Portionen

Gurkensalat ist eine wahre Delikatesse, vor allem wenn er im Sommer gut gekühlt zu Fleisch gereicht wird. Ich mache davon zwei Varianten. Eine davon mit frischem Dill, die andere mit Knoblauch. Die Dillvariante paßt besonders gut zu Geflügel und hat einen feinen Geschmack. Die Knoblauchvariante ist etwas rustikaler und paßt gut zu Schweinefleisch.
Die Gurkenscheiben sollten so dünn wie möglich geschnitten oder gehobelt werden. Verwendet man Schlangengurken anstatt Gartengurken ist es nicht nötig, die Gurken zu schälen. Mit der Schale wirft man sonst wertvolle Vitamine weg. Gartengurken haben jedoch meistens eine sehr harte Schale, so daß man sie schälen muß.

4 große Gartengurken	waschen, schälen, fein hobeln und in eine Schüssel geben.
1 Knoblauchzehe	**oder**
1 kleiner Bund Dill	den Knoblauch mit der Presse zerdrücken, bzw. fein hacken, und zu den Gurken geben, oder den Dill waschen, fein schneiden und zu den Gurken geben.
1 Prise Zucker	in die Schüssel geben.
1 Prise Salz	in die Schüssel geben.
3 EL Essig	in die Schüssel geben.
200g Sauerrahm (1 Becher)	in die Schüssel geben und alle Zutaten gründlich vermischen.

Den Salat in einer Schüssel anrichten, gut kühlen und zum Garnieren mit Paprikapulver bestreuen. Der Salat kann auch 1-2 Tage im Kühlschrank aufbewahrt werden.

Kartoffelsalat

4 Portionen

Für den Kartoffelsalat muß die richtige Kartoffelsorte verwendet werden. Auf keinen Fall darf es eine mehlige Sorte sein, wie sie z.B. für Knödel gebraucht wird. Wir haben immer zwei Sorten Kartoffeln im Keller eingelagert. Eine mehlige und dann noch eine sehr fest kochende, speziell für Kartoffelsalat.

6-8 große Kartoffeln	in einem Topf mit Wasser kochen bis sie gar sind. Nachdem sie etwas abgekühlt sind, werden sie geschält und in dünne Scheiben geschnitten. Die Scheiben in eine Salatschüssel geben.
1 Zwiebel	schälen, sehr fein schneiden und in die Schüssel geben.
¼ Liter Fleischbrühe	in die Schüssel geben.
2 EL Essig	in die Schüssel geben.
4 EL Pflanzenöl	in die Schüssel geben.
½ TL Salz	in die Schüssel geben.
1 Prise Pfeffer	in die Schüssel geben.
1 Prise Muskatnuß	in die Schüssel geben.
1 EL Petersilie oder Schnittlauch	fein hacken und in die Schüssel geben. Alle Zutaten gut vermischen.

Den Kartoffelsalat sollte man vor dem Servieren auf Raumtemperatur abkühlen lassen.

Kartoffelsalat mit Sauerrahm und Dill

4 Portionen

Für diesen Kartoffelsalat müssen Sie auch unbedingt Salatkartoffeln verwenden und keine mehlige Sorte. Mit dem Dill ist es ähnlich, wie mit den Kartoffeln. Es gibt zwei Sorten. Die ursprüngliche Sorte wächst sehr hoch (bis 1 m), wird dann teilweise holzig und bildet Samen. Hat man diese Sorte angebaut, kann man sie trocknen und vor allem zum Einlegen von Gurken etc. verwenden. Das Würzkraut, das für diesen Salat verwendet wird, muß frisch und zart sein. Auf keinen Fall sollte man holzigen oder getrockneten Dill verwenden. Von größeren Pflanzen sucht man sich deshalb die zarten Blatteile heraus oder verwendet ganz junge Pflanzen. Es gibt auch eine neuere Sorte Dill, die kleiner bleibt und zarte, fächerige Blättchen hat. Diese Sorte erfüllt zwar nicht den ganzen Garten mit dem herrlichen Dillduft wie die alte Sorte, ist aber als Würzkraut leichter zu verarbeiten.

6-8	große Kartoffeln	in einem Topf mit Wasser kochen bis sie gar sind. Nachdem sie etwas abgekühlt sind, werden sie geschält und in dünne Scheiben geschnitten. Die Scheiben in eine Salatschüssel geben.
1	Zwiebel	schälen, sehr fein schneiden und in die Schüssel geben.
400g	Sauerrahm (2 Becher)	in die Schüssel geben.
3 EL	Essig	in die Schüssel geben.
5	hartgekochte Eier	schälen, würfeln und in die Schüssel geben
1	rote Paprikaschote	putzen, waschen, würfeln und in die Schüssel geben.
½ TL	Salz	in die Schüssel geben.
1	Prise Pfeffer	in die Schüssel geben.
1	Prise Muskatnuß	in die Schüssel geben.
1 EL	Dill	fein hacken und in die Schüssel geben. Alle Zutaten gut vermischen.

Dieser Salat sollte gut gekühlt werden, bevor man ihn serviert. Es ist ein herrlicher Sommersalat. Als Beilage zu Fleisch kann man die gekochten Eier weglassen. Mit den Eiern kann man ihn als eigenständige Mahlzeit genießen.

Kartoffelsalat mit heißem Speck

4 Portionen

Dieser Kartoffelsalat wird ebenfalls mit Salatkartoffeln zubereitet. Auf keinen Fall sollten Sie mehlige Kartoffeln verwenden, sonst wird aus dem Salat ein Brei.

6-8 große Kartoffeln	in einem Topf mit Wasser kochen, bis sie gar sind. Noch heiß schälen und in ca. 2 cm große Würfel schneiden. Die Würfel in eine Schüssel geben.
250g Speck	würfeln und in einer Bratpfanne knusprig anbraten. Den Speck mit einem Schaumlöffel herausnehmen und in die Schüssel geben.
1 Zwiebel	schälen, fein schneiden und in der Bratpfanne im Fett des Specks anbraten. Die gebratenen Zwiebeln dann ebenfalls mit einem Schaumlöffel herausnehmen und in die Schüssel geben.
2 EL Mehl	zum Fett in die Bratpfanne geben und wie für eine helle Soße anbraten.
½ TL Zucker	in die Pfanne geben.
1 TL Salz	in die Pfanne geben.
1 Prise Pfeffer	in die Pfanne geben.
3 EL Essig	in die Pfanne geben und gut mit dem Mehl verrühren.
¼ Liter Wasser	langsam zum Mehl in die Pfanne gießen und unter ständigem Umrühren eine Soße erzeugen. Die Soße kurz aufkochen, und über die Zutaten in der Schüssel gießen und gut vermischen.

Noch heiß servieren! Dieser Kartoffelsalat eignet sich besonders gut als Beilage zu Fleischgerichten oder gekochten Bohnen.

Tomatenstrauch - Susanne De Wille , Juli 2000

Tomatensalat

4 Portionen

Ein Tomatensalat aus selbst angepflanzten sonnengereiften Tomaten ist etwas Herrliches. Er paßt zu gegrilltem Fleisch und Fisch oder kann einfach mit einem Stück Käse gegessen werden. Wenn im August die Tomaten reifen, gibt es ihn bei mir nahezu jeden Tag.

6	große, reife Tomaten	waschen, in Scheiben schneiden und in eine Salatschüssel geben.
1	grüne Paprikaschote	putzen, in sehr dünne Streifen scheiden und in die Schüssel geben.
1	Zwiebel	schälen, in sehr feine Ringe schneiden und in die Schüssel geben.
1 EL	Dill	waschen, fein schneiden und in die Schüssel geben.
2 EL	Essig	über den Tomaten verteilen.
4 EL	Öl	über den Tomaten verteilen.
1	Prise Salz	Die Tomaten damit würzen.
1	Prise Pfeffer	Die Tomaten damit würzen und alle Zutaten gut durchmischen.

Der Dill kann je nach Geschmack auch durch Petersilie oder Schnittlauch ersetzt werden. Man kann dem Salat auch noch eine zerdrückte Knoblauchzehe beifügen, wenn man möchte. Eine besonders leckere Variante erhält man jedoch, wenn man den Dill durch sehr fein gehackte, frische Pfefferminzblätter ersetzt. Dazu dann keinen Knoblauch verwenden!

Relish aus grünen Tomaten

Am Ende der Gartensaison bleiben oftmals noch mehrere Kilo grüne oder halbreife Tomaten übrig, die nicht ausreifen konnten. Die Früchte kann man zu einem leckeren Relish verarbeiten, das eine wohlschmeckende Beilage zu Fleisch ist.

5-6kg	grüne und halbreife Tomaten	waschen, in sehr feine Scheibchen schneiden und in einen Eimer oder sehr große Schüssel geben.
2	Blumenkohlköpfe	putzen, in kleine Stücke schneiden und zu den Tomaten in den Eimer geben.
3kg	Zwiebeln	schälen, in sehr feine Scheiben schneiden und in den Eimer geben.
200g	Salz	über das Gemüse im Eimer geben, alles gut durchmischen, zudecken und 1 Tag an einem kühlen Platz stehen lassen. Am nächsten Tag die Flüssigkeit abgießen, das Gemüse abbrausen, um das meiste Salz herauszuwaschen, und in einen großen Kochtopf geben.
10-12	rote Paprikaschoten	putzen, in kleine Würfel schneiden und in den Topf geben.
2	Liter Essig	in den Topf geben.
50g	Senfkörner	in den Topf geben.
2 EL	getrockneten Dill	in den Topf geben.
300g	Zucker	in den Topf geben.
1	Zimtstange	in einen kleinen Stoffbeutel geben.
3	Lorbeerblätter	in den Stoffbeutel geben.
4	Gewürznelken	in den Stoffbeutel geben.
5	Pfefferkörner	in den Stoffbeutel geben, den Stoffbeutel zubinden, in den Topf zu den anderen Zutaten geben und alles ca. 15 bis 30 Minuten kochen.

Das Gemüse im Relish muß weich und gar sein, sollte aber nicht zerfallen! Der Stoffbeutel wird dann herausgenommen. Will man sich die Mühe mit den selbst zusammengestellten Gewürzen nicht machen, kann man fertige Mischungen kaufen. Die Senfkörner und der getrocknete Dill ist Teil des Relish und soll nicht entfernt werden. Das Relish wird dann noch kochend heiß in saubere, mit kochendem Wasser ausgespülte, Schraubdeckelgläser gefüllt und sofort fest verschlossen.

Soßen

Die hier beschreibenen Soßen sind eigenständige Soßen, d.h. daß sie nicht auf Bratenfond basieren, sondern aus eigenständigen Zutaten bereitet werden. Demnach können sie auch sehr vielseitig verwendet werden, besonders dann, wenn man ein Stück Fleisch hat, zu dem es keine Soße gibt, wie z.b. Suppenfleisch, Suppenhuhn oder kurzgebratenes. Die Zubereitung von Bratensoßen ist bei den Fleischgerichten beschrieben, z.B. beim Schweinebraten.

Meerrettichsoße

Diese Soße kann man zu Rindfleisch und Schweinefleisch servieren, z.B. zu einem Stück Suppenfleisch. Sie schmeckt aber auch sehr lecker zu Fisch, wie z.b. geräucherten Forellenfilets.

400g Sauerrahm (2 Becher)	in eine kleine Soßenschüssel geben.
1 Stange Meerrettich	schälen, waschen und fein reiben. Den geriebenen Meerrettich zum Sauerrahm in die Schüssel geben.
2 TL Zucker	in die Schüssel geben.
½ TL Salz	in die Schüssel geben.

Alle Zutaten werden in die Soßenschüssel gegeben und gründlich vermischt. Das Rezept kann auch leicht abgewandelt werden. Eine besonders feine Soße, die besonders gut zur Räucherforelle paßt, erhält man, wenn man den Meerrettichanteil etwas reduziert und die Hälfte des Sauerrahms durch einen Becher geschlagene Sahne ersetzt, die man als letzte Zutat der Soße unterhebt.

Dillkraut - Susanne De Wille, Juli 2000

Dillsoße

Dill ist ein Gewürz, das ich bei meinen Großeltern kennengelernt habe. Ging man durch den kleinen Garten zu ihrem Haus, kam man an duftenden Beeten vorbei, in denen Rosen und Dill wuchs. Meine Großmutter verwendete reichlich Dill um damit Gurken einzulegen, als Würzkraut in Salaten und auch für diese Dillsoße. Hat man einmal Dill im Garten stehen, säht er sich immer wieder selbst aus. Ausgewachsene Pflanzenteile sollte man zum Trocknen aufhängen und kann sie gerebelt auch im Winter für die Soße verwenden. Hat man frischen Dill, sollte man allerdings nur die zarteren Blattteile verwenden. Die Dillsoße ist süßsauer, hat ein wunderbares Aroma und paßt zu Fleisch oder Geflügel.

3 EL	Butter	in einem Topf erhitzen.
4 EL	Mehl	in die heiße Butter einrühren, aber nicht braun werden lassen.
¼	Liter Milch	unter ständigem Rühren mit einem Schneebesen in den Topf einrühren und erhitzen, bis die Soße zu kochen anfängt.
1 EL	Essig	in den Topf geben.
½ TL	Zucker	in den Topf geben.
2 EL	Dill	waschen, fein hacken, in den Topf geben und alle Zutaten mit dem Schneebesen gut verrühren.
1	Prise Salz	Mit dem Salz die Soße abschmecken und vom Herd nehmen.

Diese Dillsoße hat eine einfache, hell Soße als Grundlage und kann natürlich variiert werden. Je nach Geschmack kann man die Mengen der Würzzutaten wie Essig, Zucker, Dill und Salz verändern. Jede Familie hat ihre eigene Variante.

Tomatensoße

Diese Tomatensoße eignet sich nicht als Spaghettisoße! Sie ist als Zugabe zu gekochtem Fleisch, wie z.B. einem Suppenhuhn, gedacht. Meine Großmutter hat auch immer einen großen Topf voll dieser Soße zu gefüllten Paprikaschoten gekocht, da die Soße, die bei den Paprikaschoten entstand, für die vielen hungrigen Mäuler am Tisch nicht ausgereicht hätte!

3 EL	Butter	in einem Topf erhitzen.
4 EL	Mehl	in die heiße Butter einrühren, aber nicht braun werden lassen.
¼	Liter Milch	unter ständigem Rühren mit einem Schneebesen in den Topf einrühren und erhitzen, bis die Soße zu kochen anfängt.
1 EL	Essig	in den Topf geben.
1 TL	Zucker	in den Topf geben.
2 EL	Tomatenmark	in den Topf geben und alle Zutaten mit dem Schneebesen gut verrühren.
1	Prise Salz	mit dem Salz die Soße abschmecken und vom Herd nehmen.

Die Milch kann eventuell auch durch eine kräftige Fleischbrühe ersetzt werden. Man sollte auch bei dieser Soße etwas experimentieren, um sein eigenes Familiengeheimrezept zu entwickeln.

Tomatensoße aus frischen Tomaten

Diese Tomatensoße ist besonders für kurzgebratenes Fleisch oder gegrilltes Fleisch gedacht, z.B. als Ersatz für Ketchup, für all diejenigen, die der Fastfoodkultur nichts abgewinnen können.

100g Räucherspeck	in kleine Würfel schneiden und in einem Topf erhitzen.
1 Zwiebel	fein schneiden, in den Topf geben und im ausgelassenen Fett glasig dünsten.
3-5 Frische Tomaten oder 1 Dose Tomaten	schneiden und in den Topf geben. Die Tomaten werden ca. 5 min mit angedünstet. Eventuell kann etwas Wasser zugegeben werden, um das Anbrennen zu verhindern.
1 EL frische Petersilie	waschen, fein hacken und in den Topf geben
1 Prise Pfeffer	in den Topf geben.
1 Prise Salz	Mit dem Salz die Soße abschmecken und vom Herd nehmen.

Natürlich kann man selbst variieren und z.B. zusätzlich mit Muskat, Kardamon oder anderen Gewürzen abschmecken oder andere Kräuter anstatt der Petersilie verwenden. So kann man sich selbst ein Repertoire an köstlichen Soßen für verschiedene Zwecke erstellen.

Kuchen

Kürbistorte

Diese Kürbistorte ist ein weiterer Beweis dafür, daß Kürbis nicht nur vielseitig verwendbar ist, sondern auch noch sehr gut schmeckt! Es ist ein Rezept von Bianca Cheianu-Popescu und sehr aufwendig, aber es schmeckt unvergleichlich!
Es werden dafür zwei verschiedene Teigarten benötigt. Ein dünner Mürbteig bildet den Boden, auf den der eigentliche Kuchenteig mit Kürbis gelegt wird.

Mürbteig

220g	Mehl	in eine Schüssel geben.
120g	Butter	in die Schüssel geben.
50g	Zucker	in die Schüssel geben.
1	Eigelb	in die Schüssel geben.
1	Prise Salz	in die Schüssel geben und alles zu einem geschmeidigen Teig verkneten. Den Teig läßt man dann 30 Minuten im Kühlschrank ruhen. Danach wird er ausgerollt und der Boden einer Springform mit 26 cm Durchmesser damit ausgelegt. Bei 200°C wird er im Backofen ca. 10-15 Minuten gebacken.

Kuchenteig

250g	Kürbis	in Salzwasser kochen, bis er weich ist. Dann wird er aus dem Wasser genommen, geschält und sehr klein geschnitten.
6	Eigelb	in eine Schüssel geben.
180g	Zucker	in die Schüssel geben. Davon werden zuvor jedoch 2 EL weggenommen und einstweilen aufbewahrt.
1 TL	Zimt	in die Schüssel geben und mit den anderen Zutaten schaumig rühren.
1	unbehandelte Zitrone	Die Schale abreiben und in die Schüssel geben.

1	unbehandelte Orange	Die Schale abreiben und in die Schüssel geben.
100g	gehacktes Orangeat	in die Schüssel geben.
250g	gemahlene Mandeln	(oder gemahlene Walnüsse) in die Schüssel geben.
50g	Mehl	in die Schüssel geben.
1 TL	Backpulver	in 1-2 EL Wasser auflösen und in die Schüssel geben. Der klein geschnittene Kürbis wird dann ebenfalls in die Schüssel gegeben und mit den anderen Zutaten gut verrührt.
6	Eiklar	zu einem steifen Schnee schlagen und die zuvor aufbewahrten 2 EL Zucker unterrühren. Den Eischnee dann locker unter die Teigmasse in der Schüssel heben. In einer gefetteten und mit Mehl bestäubten Springform wird der Teig dann bei 200°C ca. 25-30 Minuten gebacken. Den Kuchen muß man dann vor der Weiterverarbeitung auskühlen lassen.

Torte fertigstellen

50g	Marmelade	auf den Mürbteigboden streichen und anschließend den Kuchen daraufsetzen.
1	Orange	auspressen, den Saft in einen kleinen Topf geben.
1	Zitrone	auspressen, den Saft in den Topf geben
3 EL	Zucker	in den Topf geben, mit dem Saft kurz aufkochen und dann abkühlen lassen.
1	Schnapsglas Orangenlikör	in den Topf zum erkalteten Saft geben, und den Kuchen mit der Mischung ringsum bepinseln.
100g	Marmelade	erhitzen und den Kuchen rundherum damit bestreichen.
100g	Mandelplättchen	über den Kuchen streuen.
2 EL	Puderzucker	die fertige Torte damit bestäuben.

Bisquit mit Belag

Dieser Bisquit ist wohl noch ein Erbstück meiner französischen Vorfahren. Mein Großvater und meine Großmutter konnten diesen Bisquit beide mit Perfektion backen. Ich habe das Rezept nie aufgeschrieben gesehen. Es wurde stets müdlich überliefert und erfeut sich immer noch großer Beliebtheit. Es ist ein einfaches Rezept. Man muß sich nur genau an die Arbeitsanleitung halten, dann gelingt es auch!

6 EL	Wasser	in eine Schüssel geben.
6	Eiklar	zum Wasser in die Schüssel geben und mit einem Handrührgerät steif schlagen.
200g	Zucker	in den Eischnee geben und alles weiter mit dem Handrührgerät steif schlagen.
6	Eigelb	kurz mit einem Schneebesen verquirlen und vorsichtig unter den Eischnee heben.
300g	Mehl	über den Eischnee sieben.
1	Päckchen Vanillezucker	über den Eischnee sieben.
1 TL	Backpulver	über den Eischnee sieben und alle Zutaten vorsichtig unterheben.

Eine Springform wird mit Backpapier ausgelegt (nicht fetten!) und der Teig eingefüllt. Der Bisquit wird dann 50-60 Miunten bei 150°C im vorgeheizten Backofen gebacken. Die letzten 15 Minuten kann man ihn evtl. mit Alufolie abdecken, damit er nicht zu dunkel wird. Vorher darf der Herd nicht geöffnet werden, weil der Bisquit sonst zusammenfällt!

Den Bisquitboden belegt man nach dem Abkühlen mit Obst. Klassisch ist, daß man dazu Konservenobst nach Geschmack verwendet, den Kuchen danach mit Gelatine überzieht und Abkühlen läßt. Das Konservenobst sollte man gut abtropfen lassen, sonst weicht der Bisquit auf. Auf keinen Fall dürfen gefrorene Früchte verwendet werden! Diese sollten vorher auftauen und abtropfen!
Eine bei uns beliebte Variante ist, den Bisquit mit geschlagener Sahne dick zu bestreichen, und frische Früchte darauf zu legen. Die Gelatine wird dann nicht benötigt. Den Kuchen kann man dann allerdings nicht länger aufbewahren, sondern sollte ihn innerhalb weniger Stunden verzehren.

Bisquitrolle

Diese Bisquitrolle ist ein Meisterwerk der Backkunst. Meine Tochter Susanne hat sich geradezu darauf spezialisiert. Sie ist sehr schnell zubereitet und eignet sich deshalb auch, wenn unverhofft Besuch ins Haus kommt. Man braucht dazu aber etwas Fingerspitzengefühl. Bäckt man den Teig zu lange, ist er zu trocken und bricht, bäckt man ihn zu kurz, läuft man Gefahr, daß er zusammenfällt. Man sollte einfach ein paar mal üben und nicht gleich nach dem ersten Versuch die Flinte ins Korn werfen. Auch wenn die Optik bei den ersten Versuchen nicht stimmt, schmeckt es trotzdem sehr lecker!

Den Backofen muß man für diesen Bisquit unbedingt vorheizen. Man stellt ihn auf 160 °C und läßt ihn während der Zubereitung des Teiges laufen. Die besten Egebnisse erzielt man mit einem Umluftherd, da der Bisquit schön gleichmäßig bäckt.

6 Eier	die Eier trennen und das Eigelb mit einem Handrührgerät schaumig schlagen.
150g Zucker	den Zucker dazugeben und die Masse so lange rühren, bis der Zucker nicht mehr knirscht. Die Quirle dann reinigen (sie müssen unbedingt fettfrei sein!), und das Eiweiß sehr steif schlagen. Es wird dann auf die Eier- und Zuckermasse gegeben.
75g Mehl	über den Eischnee sieben.
75g Stärkemehl	über den Eischnee sieben.
2 TL Backpulver	über den Eischnee sieben und alle Zutaten vorsichtig unterheben.

Den fertigen Teig dann sofort auf ein mit Backpapier sorgfältig ausgelegtes Blech geben und bei 160 °C ca. 10 bis höchstens 15 Minuten backen. Den Ofen keinesfalls vor 10 Minuten Backzeit öffnen, da sonst der Teig zusammenfällt. Der Bisquit ist fertig, wenn sich eine mit dem Finger eingedrückte Delle rasch wieder zurückbildet. Dann den Bisquit auf ein sauberes Geschirrtuch stürzen und zum Abkühlen mit dem Geschirrtuch locker zu einer Rolle aufrollen.

Obstfüllung

Von der Sahne und dem Obst sollte man etwas für die Dekoration der Bisquitrolle übriglassen. Das Obst sollte geschnitten sein und kann je nach Jahreszeit variieren. Besonders geeignet sind Himbeeren, Heidelbeeren und Erdbeeren, frisch, oder noch einfacher, als Tiefkühlkost. Man kann auch Bananen oder Ananas verwenden, jedoch keine Kiwi, da sonst die Sahne gerinnt!

400g	Schlagsahne (2 Becher)	die Sahne steif schlagen.
2 EL	Zucker	unter die Sahne mischen.
1	Prise Vanille	unter die Sahne mischen. Die Sahne dann auf die abgekühlte Innenseite der Teigrolle streichen. Dabei können eventuelle Unebenheiten ausgeglichen werden. An den Rändern sollte die Sahne sparsamer verwendet werden.
400g	Beerenobst	die Früchte auf die Sahne streuen, bis ca. ¾ der Länge erreicht ist. Die Rolle mit dem Geschirrtuch nach vorne und oben ziehen und dabei zusammenrollen. Die fertig gerollte Bisquitrolle dann mit der Naht nach unten sofort auf eine längliche Kuchenplatte legen.

Mit der zurückbehaltenen Sahne bestreicht man dann die Bisquitrolle, garniert sie mit Früchten und Schokostreuseln und stellt sie bis zum Verzehr kalt.

Strudel aus Hefeteig

Hefeteig

Aus diesem Hefeteig lassen sich verschiedene, leckere Strudel backen. Der Teig ist einfacher zu handhaben als ein echter Strudelteig, aber er wird wie ein Strudel aufgerollt und steht einem echten Strudel in nichts nach. Ein echter Strudel, wie z.b. der Apfelstrudel, hat sehr viel Füllung und der Strudelteig ist nur eine leckere Verpackung dafür. Beim den Strudeln aus Hefeteig ist die Füllung in der Regel weniger als beim Apfelstrudel und ist in manchen Fällen eher als Gewürz zu betrachten.

Der Teig und dessen Handhabung ist für diese Strudel alle gleich. Deshalb ist hier das Grundrezept für den Teig angegeben. Die passende Füllung sucht man sich nach Geschmack und Verfügbarkeit dazu aus.

¼	Liter lauwarme Milch	in eine Schüssel geben.
1	Würfel Hefe (30g)	in die Milch krümeln.
1	Prise Salz	in die Milch geben.
80g	Zucker	in die Milch geben und mit der Hefe verrühren, bis sie sich komplett aufgelöst hat.
1	rohes Ei	zur Hefemischung in die Schüssel schlagen.
60g	zerlassene Butter	in die Schüssel geben und alles gut verrühren.
400g	Mehl	in die Schüssel geben und mit der Flüssigkeit zu einem glatten Teig kneten. Der Teig darf nicht klebrig sein. Bei Bedarf etwas mehr Mehl zugeben.

Den Teig nach dem Kneten ca. 30-45 Minuten gehen lassen. Danach wird er in zwei Teile aufgeteilt, und auf einer bemehlten Backunterlage jeweils zu einem Rechteck ausgerollt. Die Füllung wird dann auf dem Teig verteilt. Dabei muß man darauf achten, daß an den Rändern jeweils ca. 2 cm frei bleiben. Am obersten Rand läßt man etwas mehr frei, so daß man diesen Rand beim Aufrollen am Ende mit der Rolle verbinden kann. Der Strudel wird dann vorsichtig aufgerollt und mit der Naht nach unten auf ein gefettetes und bemehltes Backblech gelegt. Man kann die Strudel auch in entsprechend vorbereitete Kastenformen legen. Die fertig gerollten Strudel werden dann nochmals ca. 30 Minuten gehen gelassen und anschließend bei 180 °C ca. 45 Minuten gebacken. Der fertige Strudel wird nach dem Abkühlen mit Puderzucker bestäubt.

Braucht man für eine Füllung geschlagenen Eischnee, dann verwendet man z.B. 2 Eier und gibt die Eigelb anstatt des im Hefeteigrezept angegebenen ganzen, rohen Eies in den Hefeteig. Das Eiklar wird dann zu Eischnee geschlagen und für die Füllung verwendet.

Einfache Mohnfüllung

Dieser einfache Mohnstrudel war der Kuchen, den meine Großmutter sehr oft gebacken hat, und der einfach unvergleichlich gut war. Als Kuchen zum Kaffee oder als Nachspeise nach einer herzhaften Suppe gehörte er einfach zum Familienleben. Die Mohnmühle meiner Großmutter habe ich geerbt. Sie ist nicht nur ein Erinnerungsstück, sondern auch ein unerläßliches Utensil, wenn man diesen Mohnstrudel backen will. Eine neue Mohnmühle gibt es in fast jedem Haushaltswarengeschäft für ein paar Mark zu kaufen. Eine Investition, die sich auf jeden Fall lohnt. Versuchen Sie nicht, den Mohn für dieses Rezept ungemahlen zu verwenden. Er muß gebrochen und aufgeschlossen sein, sonst bleibt er hart und ist in der Menge, die im Mohnstrudel verwendet wird, ungenießbar.

500g Blaumohn	mit der Mohnmühle fein mahlen und in eine Schüssel geben.
250g Zucker	in die Schüssel geben.
¼ Liter heiße Milch	in die Schüssel geben.
200g zerlassene Butter	in die Schüssel geben und alle Zutaten gut vermischen.

Die fertige Füllung wird dann auf dem ausgerollten Strudelteig verteilt und wie im Grundrezept beschrieben weiterverarbeitet.

Gekochte Mohnfüllung

Diese Füllung ist etwas aufwendiger in der Herstellung und erfordert mehr Zutaten. Sie ist jedoch sehr lecker und deshalb z.B. für einen besonderen Festtag geeignet. Das Rezept ist von Frau Barbara Moser.

¼ Liter	Milch	in einen Topf geben und zum Kochen bringen.
80g	Zucker	in die kochende Milch einrühren.
½ TL	Zimt	in die kochende Milch einrühren.
250g	Blaumohn	mit der Mohnmühle fein mahlen und in die kochende Milch einrühren. Die ganze Masse 2 Minuten kochen lassen und dann vom Herd nehmen.
40g	Semmelbrösel	in die Mohnmasse einrühren.
50g	Orangeat	in die Mohnmasse einrühren.
60g	Rosinen	in die Mohnmasse einrühren.
30g	gemahlene Mandeln	in die Mohnmasse einrühren und ganz abkühlen lassen.
2	Eiklar	zu einem steifen Eischnee schlagen und unter die kalte Mohnmasse heben.

Die fertige Füllung wird dann auf dem ausgerollten Strudelteig verteilt und wie im Grundrezept beschrieben weiterverarbeitet.

Kirschfüllung

Diese Kirschfüllung kann man für den Hefeteig oder aber auch für den richtigen Strudelteig verwenden. Für den richtigen Strudelteig sollte man allerdings dieses Rezept verdoppeln!

50g	Butter	in einem Topf zerlassen.
50g	Semmelbrösel	in der Butter anrösten und vom Herd nehmen.
60g	Zucker	mit den Semmelbröseln mischen.
1	Päckchen Vanillezucker	mit den Semmelbröseln mischen.
50g	Rosinen	mit den Semmelbröseln mischen.
750g	Kirschen	entsteinen und mit den restlichen Zutaten mischen.

Die fertige Füllung wird dann auf dem ausgerollten Strudelteig verteilt und, wie im Grundrezept beschrieben, weiterverarbeitet.

Nuß- und Rosinenfüllung

Meine Großmutter hat oftmals auch gleich ein paar Nußstrudel und Rosinenstrudel gebacken, wenn sie Mohnstrudel gemacht hat. Der Teig ist derselbe, nur die Füllung besteht aus Nüssen und Rosinen. Besonders zur Weihnachtszeit ist der Nußstrudel sehr begeht. Welche Nußsorte verwendet wird, bleibt letztendlich dem persönlichen Geschmack überlassen. Man kann auch durchaus fertig gemahlene Nüsse verwenden, sollte dann aber auf das Ablaufdatum achten, denn wenn sie ranzig geworden sind, ist der Nußstrudel verdorben!

Nußfüllung

500g fein gemahlene Nüsse	in eine Schüssel geben.
250g Zucker	in die Schüssel geben.
¼ Liter heiße Milch	in die Schüssel geben.
200g zerlassene Butter	in die Schüssel geben und alle Zutaten gut vermischen.

Rosinenfüllung

500g Rosinen	mit kochendem Wasser übergießen, 5 Minuten quellen lassen, in ein Sieb schütten, trockentupfen und in eine Schüssel geben.
1 TL gemahlenen Zimt	in die Schüssel geben.
250g Zucker	in die Schüssel geben.
¼ Liter heiße Milch	in die Schüssel geben.
200g zerlassene Butter	in die Schüssel geben und alle Zutaten gut vermischen.

Natürlich kann man auch beide Füllungen kombinieren und eine Rosinen-Nußfüllung herstellen, indem man nach Belieben einen Teil der Nüsse durch den entsprechenden Teil Rosinen ersetzt. Den Zimt kann man nach Geschmack zugeben oder auch ganz weglassen.

Die fertige Füllung wird dann auf dem ausgerollten Strudelteig verteilt und wie im Grundrezept beschrieben weiterverarbeitet.

Man kann auch sogenannte Schneckennudeln mit diesem Rezept backen. Diese Variation ist eine in meiner Familie sehr beliebte schwäbische Variante. Nach dem Aufrollen des Strudels wird er sofort in ca. 2 cm dicke Scheiben geschnitten. Die Scheiben werden dann auf ein gefettetes Backblech gelegt, mit einem sauberen Tuch bedeckt und ca. 30 Minuten gehen gelassen. Dann werden die Schneckennudeln bei 180°C bis 200°C ca. 20 bis 30 Minuten gebacken.

Blechkuchen mit Belag

Ein Klassiker unter den Kuchen ist der Blechkuchen mit einem dicken Obstbelag, der mitgebacken wird. Apfel- oder Zwetschgenkuchen, dick mit Streuseln belegt, frisch und noch handwarm - was kann es besseres geben? Dafür würde ich jede Torte stehen lassen!

Hefeteig

Hier ist das Grundrezept für den Hefeteig beschrieben, das die Grundlage für die drei folgenden Kuchen ist.

1/3	Liter lauwarme Milch	in eine Schüssel geben.
1	Würfel Hefe (30g)	in die Milch krümeln.
50g	Zucker	in die Milch geben und mit der Hefe verrühren, bis sie sich aufgelöst hat.
2	Eier	zur Hefemischung in die Schüssel schlagen.
100g	weiche Butter	in die Schüssel geben und alles gut verrühren.
500g	Mehl	in die Schüssel geben und mit der Flüssigkeit zu einem Teig kneten. Der Teig sollte sehr weich sein und darf kleben. Er sollte sich jedoch beim Kneten von der Schüssel lösen. Je nach Bedarf kann etwas mehr Mehl oder Wasser zugegeben werden. Den Teig zudecken und gehen lassen bis er etwa doppeltes Volumen hat (ca. 30 Minuten).
2 EL	Butter	Damit ein großes rechteckiges Ofenblech ausfetten. Den Teig in das Blech legen und mit den Händen auseinander drücken, bis das Ofenblech inklusive Ränder damit ausgelegt ist.

Streusel

Die Streusel sollte man auf keinen Fall weglassen. Für den einfachen Streuselkuchen sowieso nicht, denn ein leerer Kuchenboden macht keinen Sinn, aber auch nicht für die Obstkuchen. Die Streusel verhindern das Austrocknen des Obstbelags während des Backens. Wenn die Menge nicht ausreicht, daß der Kuchen damit bedeckt werden kann, sollten Sie einfach etwas mehr machen.

250g Butter	in eine Schüssel geben.
150g Zucker	in die Schüssel geben.
250g Mehl	in die Schüssel geben und die Zutaten mit einem Teigschaber zu einem krümeligen Teig vermischen.

Streuselkuchen

Zum Sonntagsfrühstück gehörte bei meinen Eltern und Großeltern immer ein guter Kuchen. Wurde ohnehin schon ein Apfelkuchen oder Zwetschgenkuchen für den Nachmittagskaffee gebacken, dann wurde für das Frühstück oftmals ein einfacher Streuselkuchen gemacht. Der Teig und die Streusel sind bis auf ein paar Gewürze fast gleich. Das war rationell und versprach ein gutes Frühstück zu werden. Es ist eine einfache Mahlzeit, fast nur wie ein süßes Brot, aber sehr schmackhaft!

Der Hefeteig
Zum Hefeteig wird vor dem Kneten noch je nach Belieben eine Aromazugabe beigefügt. Man kann 1 Zitrone waschen und die Schalen mit einer feinen Raspel in die Schüssel reiben. Die Zitrone muß unbehandelt sein! Statt der Zitrone kann man auch ½ Fläschchen Zitronenaroma, 2 TL Rosenwasser oder 3 EL Rum nehmen

Die Streusel
Zu den Streuseln (siehe Grundrezept oben!) gibt man lediglich noch vor dem Anmischen 2 TL gemahlenen Zimt. Damit werden die Streusel etwas aromatischer. Beim Obstkuchen würde der Zimt den feinen Obstgeschmack eher übertönen.

Der Kuchen sollte nach dem Belegen mit Streuseln nochmals ca. 30 Minuten gehen. Danach wird er bei 180 bis 200°C ca. 40 Minuten im Ofen gebacken.

Apfelbelag

Wer selbst einen Garten mit ein paar Apfelbäumen hat, kennt das Problem, daß vor der Haupternte immer wieder Fallobst vorhanden ist, das zu schade ist um weggeworfen zu werden. Neben Apfelkompott läßt sich daraus auch z.B. dieser leckere Apfelkuchen herstellen. Da die Äpfel dafür sowieso geschält und entkernt werden müssen, kann man im gleichen Arbeitsgang auch noch die schadhaften Stellen des Fallobstes entfernen. Als Nachspeise oder einfach zum Kaffee ist dieser Kuchen sehr begehrt, vor allem wenn eine dicke Schicht Streusel darüber verteilt wurde. Die Steusel verhindern übrigens auch, daß die Äpfel beim Backen austrocknen. Deshalb sollten sie nicht weggelassen werden, vor allem, wenn die Äpfel zu einer weniger saftigen Sorte gehören.

| 2-3kg Backäpfel | schälen, die Kerngehäuse entfernen, halbieren und die halbierten Äpfel in etwa 2 bis 5 mm dicke Scheibchen schneiden. |

Die Apfelscheiben werden, ähnlich wie Dachziegel, überlappend gelegt, so daß eine dicke Schicht Äpfel auf dem Teigboden liegt. Die Streusel dann über den Apfelkuchen verteilen, so daß alles bedeckt ist. Der Apfelkuchen sollte nochmals ca. 30 Minuten gehen. Danach wird er bei 180 bis 200°C ca. 40 Minuten im Ofen gebacken. Den Kuchen kann man auch noch warm servieren. Dazu reicht man frisch geschlagene Sahne. Man kann den Kuchen auch problemlos einfrieren, sollte ihn aber vorher portionieren.

Zwetschgenbelag

Als Kinder gab es für uns nichts Schöneres, als über einen Zwetschgenbaum herzufallen. Wenn sie die richtige Reife haben schmecken sie süß, haben aber trotzdem noch eine gewisse Säure. Außerdem lassen sie sich in der Regel problemlos vom Stein lösen, im Gegensatz zu verschiedenen Pflaumenarten. Zwetschgen haben einen ausgeprägt ovalen, länglichen, fast spitzen Stein. Bei Pflaumen ist er eher rund und das Fruchtfleisch haftet daran sehr stark. Deshalb eignen sich Pflaumen mehr zum direkten Verzehr und weniger für Kuchen oder zum Einmachen, wo sie in großen Mengen entsteint werden müssen. Hat man einen Zwetschgenbaum im Garten und eine gute Ernte im Herbst, sollte man die Früchte konservieren. Was sich bei mir gut bewährt hat, ist die Früchte gleich fertig entsteint und portioniert einzufrieren. Man kann sie dann bei Bedarf leicht angetaut auf den Kuchen legen und kann das ganze Jahr über Zwetschgenkuchen servieren.

2-3kg Zwetschgen	waschen und entsteinen. Verwendet man dazu einen Entsteiner, werden die Früchte geviertelt, wobei die Viertelstücke noch aneinander hängen. Wenn sie keinen Entsteiner verwenden, müssen die Früchte von Hand geviertelt werden.

Die Streusel über den Kuchen verteilen, so daß alles bedeckt ist. Der Zwetschgenkuchen sollte nochmals ca. 30 Minuten gehen. Danach wird er bei 180 bis 200°C ca. 40 Minuten im Ofen gebacken. Den Kuchen kann man auch noch warm servieren. Dazu reicht man frisch geschlagene Sahne. Man kann den Kuchen auch einfrieren, sollte ihn aber vorher portionieren.

Gefüllter Kaffeekuchen

Dieser Kuchen ist sehr schnell und einfach zu machen. Es wird Backpulver verwendet. In wenigen Minuten kann der Kuchen im Ofen sein und ist also ideal, wenn einmal überrachend Besuch kommt. Man sollte nur eine Aprikosenmuß oder Zwetschgenmuß parat haben, z.B. selbst eingemacht. Zur Not kann für die Füllung auch einfach Marmelade verwendet werden, sollte sie dann aber nicht zu dick auftragen.

200g	weiche Butter	in eine Rührschüssel geben.
150g	Zucker	dazu geben.
2	rohe Eier	in die Rührschüssel schlagen und alles mit einem Rührbesen cremig rühren.
250g	Mehl	in die Schüssel geben.
1	Päckchen Backpulver	dazu geben und alles gut vermischen. Die Hälfte des Teigs in eine gefettete, runde Kuchenform geben und glatt streichen.
150g	Aprikosenmuß , Zwetschgenmuß oder Marmelade	auf dem Teig verteilen. Das Muß solle ca. ½ cm hoch sein und sollte ringsum ca. 2 cm Platz zum Rand der Kuchenform lassen. Den restlichen Teig dann über die Füllung schütten und glattstreichen.
50g	Butter	in eine Schüssel geben.
50g	Zucker	in die Schüssel geben.
100g	Mehl	in die Schüssel geben und die Zutaten mit einem Teigschaber zu einem krümeligem Teig vermischen. Die Streusel über den Kuchen verteilen, so daß alles bedeckt ist. Danach wird er bei 180 bis 200°C ca. 40 Minuten gebacken.

Nach dem Backen kann man den Kuchen kurz abkühlen lassen und dann noch warm servieren. Dazu schmeckt am besten frische Schlagsahne!

Nußkuchen

Dieser Kuchen ist etwas ganz Spezielles. Er schmeckt sehr lecker und sieht auch interessant aus. Zum Backen braucht man eine Auflaufform, da mindestens zwei Lagen Teigbällchen übereinander geschichtet werden. Die Form sollte also hoch sein und darf dafür eine geringere Grundfläche haben.

200g	Sauerrahm (1 Becher)	in eine Schüssel geben.
2	Würfel Hefe (60g)	zerbröseln und in die Schüssel geben.
100g	Zucker	in die Schüssel geben.
3	rohe Eier	in die Schüssel geben und die Zutaten gut verrühren, bis sich die Hefe aufgelöst hat.
100g	sehr weiche Butter	in die Schüssel geben.
600g	Mehl	in die Schüssel geben und zu einem weichen Teig kneten. Der Teig darf nicht mehr kleben. Bei Bedarf noch etwas Mehl zugeben. Den Teig dann zudecken und gehen lassen, bis er doppeltes Volumen hat (ca. 1 bis 2 Stunden). Dann den Teig nochmals kurz kneten und weitere 30 Minuten gehen lassen.
100g	Butter	zerlassen und in eine Tasse geben.
150g	gemahlene oder fein gehackte Nüsse	in eine kleine Schüssel geben.
150g	Zucker	zu den Nüssen in die Schüssel geben.
1 TL	gemahlenen Zimt	zu den Nüssen in die Schüssel geben und die Zutaten gut vermischen. Vom Hefeteig werden dann Bällchen von der größe einer Walnuß geformt. Jedes Bällchen wird zuerst in die flüssige Butter getaucht, dann in der Nußmischung gerollt und in einer gefetteten Kuchenform aufgeschichtet.

Wenn noch zerlassene Butter oder etwas von der Nußmischung übrig ist, wird sie am Schluß über die Teigbällchen verteilt. Der Kuchen wird dann bei 200°C ca. 45 Minuten gebacken. Danach sollte man den Kuchen mit einem Spatel vom Rand der Form lösen und zum Abkühlen auf ein Kuchengitter stürzen. Am besten wird er noch warm serviert. Der Nußkuchen wird nicht geschnitten, sondern man bricht die den Teigbällchen entsprechenden Stücke von Hand heraus.

Weihnachtsplätzchen - Susanne De Wille, Juli 2000

Kleingebäck

Einfache Weihnachtsplätzchen

Diese Plätzchen sind zwar typische Weihnachtsplätzchen, aber sie schmecken auch zu anderen Zeiten! Der Teig ist ein einfaches Grundrezept. Je nachdem, mit welchen Formen man den Teig aussticht und wie man ihn dann belegt oder bestreut, erhält man eine große Variation von Weihnachtsplätzchen oder einfach Plätzchen für den Kaffee.

600g Mehl	in eine Schüssel geben.
500g weiche Butter	in kleine Stücke schneiden und in die Schüssel geben.
1 Zitrone (unbehandelt)	Die Schale fein reiben und in die Schüssel geben.
8 rohe Eigelb	in die Schüssel geben. Das Eiklar darf wirklich nicht verwendet werden!
180g Zucker	in die Schüssel geben und alle Zutaten zu einem geschmeidigen Teig verkneten.

Den Teig läßt man in eine Folie gewickelt mindestens 2 Stunden im Kühlschrank ruhen. Danach wird der Teig auf einer bemehlten Backunterlage ca. 5 mm dick ausgerollt und mit Plätzchenformen ausgestochen. Auf einem gefetteten Backblech werden die Plätzchen ca. 10-15 Minuten bei 180°C gebacken. Sie dürfen nur leicht braun werden!

Dekoriert werden die Plätzchen nach Geschmack. Man kann sie dick mit Zuckerglasur besteichen und anschließend mit Schokoladestreusel bzw. mit bunten Zuckerstreusel bestreuen oder z.B. eine Walnußhälfte darauflegen. Man kann sie auch zur Hälfte in flüssige Schokolade tauchen. Meine Lieblingsvariante sind die "Doppeldecker". Ein rundes Plätzchen wird mit Marmelade bestrichen und darauf wird ein weiteres Plätzchen gelegt, bei dem vor dem Backen die Mitte mit einem Fingerhut ausgestochen wurde. Die fertigen Doppeldecker werden noch mit Puderzucker bestäubt.

Nach dem Dekorieren läßt man die Plätzchen auf einem Kuchengitter trocknen. Danach kann man sie mehrere Wochen in einer Dose oder einem Plastikbehälter aufbewahren.

Gewürzplätzchen

Diese Plätzchen werden ohne Mehl hergestellt. Anstelle von Mehl werden Semmelbrösel verwendet. Außerdem verwendet man gemahlene Nüsse. Dafür eignen sich Walnüsse oder Haselnüsse, eventuell auch Mandeln. Sie müssen fein gemahlen sein. Das Rezept ist dem Spekulatius vom Geschmack her sehr ähnlich und wird auch in einem Model geformt. Den Duft beim Backen und der Geschmack der Plätzchen ist einfach weihnachtlich.

60g	geschmolzene Butter	in eine Schüssel geben. Die Butter abkühlen lassen, bis sie handwarm ist.
5	rohe Eigelb	zur Butter in die Schüssel geben und mit der Butter gut verrühren.
½ TL	gemahlene Muskatnuß	in die Schüssel geben.
½ TL	gemahlene Gewürz-nelken	in die Schüssel geben.
½ TL	gemahlenen Zimt	in die Schüssel geben.
250g	Semmelbrösel	in die Schüssel geben.
250g	gemahlene Nüsse	in die Schüssel geben.
250g	Zucker	in die Schüssel geben und alle Zutaten zu einem geschmeidigen Teig verrühren.

Den Teig drückt man in ein Model und klopft ihn dann vorsichtig auf ein gefettetes und bemehltes Backblech. Bei 150°C werden die Plätzchen ca. 20 Minuten gebacken. Dabei muß man aufpassen, daß sie nicht anbrennen. Hat man kein Model, oder ist es einem zu mühsam, eines zu verwenden, kann man den Teig auch in einen quadratischen oder rechteckigen Strang formen, indem man ihn z.B. in den Boden einer gefetteten und bemehlten Kastenkuchenform drückt. Sobald er geformt ist, stürzt man den Teig heraus und kühlt ihn ca. 3 Stunden im Kühlschrank. Danach kann man vom Teig mit einem scharfen Messer ca. 3-5 mm dicke Plätzchen abschneiden, die wie oben beschrieben gebacken werden.

Nußplätzchen

Ein anderes Rezept für Weihnachtsplätzchen sind diese Nußplätzchen. Man verwendet dazu am besten Walnüsse, kann aber auch Haselnüsse, Mandel, Erdnüsse oder eine beliebige Mischung verwenden. Die Nüsse können je nach Belieben gehackt oder gemahlen sein, bzw. in gemischter Form verwendet werden. Natürlich eigenen sich diese Plätzchen ganzjährig auch einfach als Gebäck zum Nachmittagskaffee.

500g	Mehl	in eine Schüssel geben.
2	Päckchen Vanillin	in die Schüssel geben.
150g	Puderzucker	in die Schüssel geben.
250g	gehackte oder gemahlene Nüsse	in die Schüssel geben.
500g	weiche Butter	in die Schüssel geben und alle Zutaten mit dem Knethaken durchkneten.

Den Teig gibt man portionsweise in eine Gebäckspritze und spritzt die gewünschte Form auf ein gefettetes und bemehltes Backblech. Anstatt der Gebäckspritze kann man auch mit einem Eßlöffel Teigstücke abstechen und auf das Blech legen. Mit den Händen kann man die Plätzchen noch etwas in Form bringen, so daß sie einer halben Walnuß gleichen. Bei 180 °C werden die Plätzchen dann ca. 10 Minuten gebacken. Die Ecken verbrennen, wenn man sie zu lange oder zu heiß bäckt! Sobald sie goldbraun werden, müssen sie aus dem Ofen genommen werden.

Nach dem Abkühlen kann man die Plätzchen mit Puderzucker bestäuben oder sie bis zur Hälfte in Schokolade tauchen und auf einem Kuchengitter trocknen lassen.

Nußkissen

Diese Plätzchen sind sehr aufwendig in der Herstellung und erfordern eine
gewisse Fingerfertigkeit, aber es lohnt sich! Es gibt kaum eine Plätzchensorte
die besser schmeckt! Zu Weihnachten möchte man natürlich etwas Besonderes
haben. Meine Großmutter hat rechtzeitig vor Weihnachten mit der Plätzchen-
backerei angefangen. Die Nußkissen waren jedes Jahr dabei, zur Freude aller
Enkelkinder. Nußkissen heißen sie, weil sie wie halbkreisförmige Zierkissen
aussehen, vor allem wenn sie mit Puderzucker bestreut sind.

Plätzchenteig

15 rohe Eigelb	in eine Schüssel geben.
1kg Mehl	in die Schüssel geben.
500g weiche Butter	in die Schüssel geben und zu einem Teig kneten. Mit einem Eßlöffel etwa walnußgroße Teigstücke abstechen und mit den Händen zu kleinen Bällchen formen. Die Bällchen ca. 10 Stunden im Kühlschrank kühlen.

Während des Kühlens sollten sich die Bällchen nicht berühren. Man muß sie
auch zudecken, weil sie sonst den Geschmack anderer Speisen im Kühlschrank
annehmen können. Am Ende der Kühlzeit wird dann die Füllung vorbereitet.

Nußfüllung

500g fein gemahlene Nüsse	in eine Schüssel geben.
5 Stück Zwieback	fein zerkrümeln und mit den Nüssen mischen.
15 Eiklar	in eine große Schüssel geben und mit dem Handrührer zu einem steifen Eischnee schlagen.
300g Zucker	nach und nach während des Rührens zum Eischnee geben. Sobald der Eischnee richtig steif ist, wird die Nuß- und Zwiebackmischung mit dem Schneebesen untergehoben.

Kurz vor dem Füllen werden die Teigbällchen dann zwischen zwei Stücken Backpapier zu dünnen Scheiben ausgerollt. Sie dürfen nicht zu warm werden, weil sie sich sonst nicht vom Backpapier lösen! Das obere Stück Papier wird dann entfernt und ein TL der Füllung in die Mitte einer Teigscheibe gegeben. Anschließend wird die eine Hälfte der Scheibe über die andere geklappt, so daß man einen Halbkreis erhält, mit der Füllung in der Mitte. Die Ränder werden dann aneinander gedrückt und vorsichtig untergeschlagen.

Die fertigen Nußkissen auf ein gefettetes und bemehltes Backblech legen. Bei 160 bis 170 °C werden sie dann 5 bis höchstens 10 Minuten gebacken. Man muß aufpassen, daß sie nicht verbrennen. Am besten nimmt man sie aus dem Ofen, wenn sie anfangen leicht bräunlich zu werden. Nach dem Abkühlen werden die Nußkissen dann mit Puderzucker bestreut und in einer Dose aufbewahrt.

Krapfen

Dieses Schmalzgebäck hatte seine Hochsaison in der Fastnachtszeit. Darum werden die Gebäckstücke auch als Fastnachtsküchle oder Fastnachtskrapfen bezeichnet. Sie schmecken jedoch auch zu anderen Zeiten sehr gut. Es gibt davon in jedem Kulturkreis leichte Abwandlungen. Hier werden zwei davon beschrieben. Das Grundrezept ist jedoch für alle gleich.

½ Liter Milch	in einem Topf kurz aufkochen und vom Herd nehmen.
150g Zucker	in der heißen Milch auflösen.
150g Butter	in der heißen Milch auflösen und die Mischung dann auf ca. 30°C abkühlen lassen.
1 Würfel Hefe (30g)	in die Milchmischung krümeln.
8 rohe Eigelb	in die Milchmischung rühren.
500g Mehl	in eine Schüssel geben, die Milchmischung in das Mehl gießen und alles zu einem weichen Teig kneten. Der Teig darf nicht kleben. Eventuell kann noch etwas Mehl zugegeben werden.

Der Teig wird dann zugedeckt und ca. 1 Stunde gehen gelassen. Er soll dabei sein Volumen etwa verdoppeln. Auf einem leicht bemehlten Knetbrett wird der Teig dann etwa 1 cm dick ausgerollt. Will man das Schmalzgebäck später noch mit Marmelade füllen, werden mit einem großen Glas oder einer großen Tasse (Durchmesser ca. 10 cm) runde Stücke aus dem Teig ausgestochen. Ansonsten schneidet man Dreiecke aus, die etwa 10 cm Kantenlänge haben. Auf dem Knetbrett werden dann die Teigstücke mit einem sauberen Geschirrtuch zugedeckt und nochmals ½ Stunde gehen gelassen. In einer Friteuse oder einem Topf wird Schweineschmalz oder Fritierfett auf ca. 190°C erhitzt und die Teigstücke jeweils ca. 4 Stück herausgebacken. Das fertige Gebäck dann gut abtropfen lassen. Die runden Krapfen werden dann mit einer Krapfenspritze gefüllt. Dabei verwendet man ca. 1 TL Marmelade pro Krapfen.

Engelsflügel

4 bis 6 Portionen

Engelsflügel ist ein federleichtes, knuspriges Schmalzgebäck. Sie wurden oft als Nachtisch zu einem guten Sonntagsessen serviert. Dazu paßt dann ein türkischer Kaffee oder Espresso besonders gut.

200g	Mehl	auf ein Knetbrett geben, zu einem kleinen Berg zusammenschieben und in der Mitte eine Delle formen.
1	Prise Salz	zum Mehl geben.
1 EL	Zucker	zum Mehl geben.
1 EL	Sauerrahm	zum Mehl in die Delle geben.
1 EL	Rum	zum Mehl in die Delle geben.
1-2	rohe Eier	zum Mehl in die Delle geben. Alle Zutaten werden dann zu einem glatten, festen Teig verknetet.

Der Teig wird dann auf einem bemehlten Backbrett sehr dünn, d.h. etwa 1 mm dick, ausgerollt. Mit einem Messer werden dann Rauten aus dem Teig geschnitten, die dann in heißem Schweineschmalz von beiden Seiten herausgebacken werden. Das Schweineschmalz sollte mindestens 1 cm tief sein, damit die Engelsflügel darin schwimmen. Man sollte darauf achten, daß sie nicht zu dunkel werden. Die fertigen Engelsflügel dann aus dem Fett nehmen, abtropfen lassen, mit Puderzucker bestäuben und noch warm servieren.

Kipfel

Die Leute in der Donauebene waren und sind sehr gastfreundlich. Wenn jemand auch unangemeldet zu Besuch kam oder auch nur kurz hereinschaute, wurde ihm etwas zu essen oder trinken angeboten. Bei meinen Großeltern war deshalb auch ständig Kleingebäck, wie z.B. diese Kipfel, verfügbar, die man einem Besucher anbieten konnte, und die meistens auch gern angenommen wurden, weil sie so lecker sind.

200g	Sauerrahm (1 Becher)	in eine Schüssel geben.
3	rohe Eier	in die Schüssel geben.
1	Würfel Hefe (30g)	in die Schüssel krümeln und alle Zutaten gut vermischen, bis sich die Hefe aufgelöst hat.
500g	Butter	in kleine Stücke schneiden und in die Hefemischung geben.
60g	Zucker	zur Butter geben.
2	Zitronen (unbehandelt)	die Schale reiben und zur Teigmischung geben.
500g	Mehl	in die Schüssel geben und alle Zutaten mit den Händen zu einem weichen, geschmeidigen Teig kneten, zudecken und 45 Minuten gehen lassen.

Danach wird der Teig nochmals kurz durchgeknetet. Man nimmt dann jeweils ein Stück von der Größe einer großen Walnuß und rollt es dünn und quadratförmig aus. Danach gibt man ca. ½ TL Nußfüllung, bzw. Aprikosen- oder Pflaumenmuß, darauf und rollt es ein. Dabei beginnt man an einer Ecke und rollt sie auf die gegenüberliegende Ecke zu. Die Seiten werden hereingebogen, so daß eine Kipfelform entsteht. Wenn man möchte, kann man die Kipfel vor dem Backen in einer Mischung aus gleichen Teilen gemahlenen Nüssen (Walnüsse sind die besten!) und Zucker wälzen.
Auf einem gefetteten und bemehlten Backblech werden die Kipfel bei 170°C ca. 25 Minuten gebacken. Die sollen goldbraun sein, aber nicht anbrennen! Vor dem Servieren werden sie mit Puderzucker bestäubt. Die Rezepte für die genannten Füllungen sind am Ende dieses Kapitels aufgeführt.

Apfeltaschen

Ein sehr beliebtes Kaffeegebäck sind auch diese Apfeltaschen. Dabei kann man die Apfelfüllung auch durch Aprikosenmus, Zwetschgenmus, Nuß- oder Quarkfüllung ersetzen. Die Rezepte für die möglichen Füllungen sind am Ende dieses Abschnittes aufgeführt.

¼	Liter lauwarme Milch	in eine Schüssel geben.
1	Würfel Hefe (30g)	in die Milch krümeln und darin auflösen.
2	rohe Eier oder 4 Eigelb	in die Hefemichung schlagen.
1	Prise Salz	in die Hefemischung geben.
60g	Zucker	in die Schüssel geben.
500g	Butter oder Schmalz	in Stücke schneiden und in die Schüssel geben.
600g	Mehl	in die Schüssel geben und alle Zutaten zu einem glatten Teig kneten. Den Teig ca. 30 Minuten gehen lassen.

Danach wird der Teig auf einer bemehlten Unterlage ausgerollt und in Quadrate von ca. 10 cm Kantenlänge geschnitten. In jedes Quadrat wird dann 1 EL der Füllung gegeben. Danach werden die Ecken der Quadrate zur Mitte hin gefaltet und am Boden festgedrückt.

Wenn man möchte, kann man mit einer kleinen, runden Ausstechform aus dem Teig noch Scheibchen ausstechen, die man auf den Mittelpunkt der Apfeltasche legt, an dem alle vier Ecken zusammengeführt sind. Auf einem gefetteten und bemehlten Backblech werden dann die gefüllten Taschen bei 180°C ca. 20 bis 30 Minuten gebacken, bis sie goldbraun sind. Nach dem Abkühlen werden dann die Apfeltaschen mit Puderzucker bestäubt.

Apfelfüllung

Diese Füllung wird vor allem für Apfeltaschen verwendet. Sie ist fruchtig und nicht zu süß. Für Kipfel wird sie normalerweise nicht verwendet.

1kg Äpfel	schälen, entkernen und in einen Topf geben.
1 TL gemahlenen Zimt	in den Topf geben.
100ml Wasser	in den Topf geben und die Äpfel ca. 30 Minuten auf kleiner Flamme kochen.
150g Zucker	am Ende der Kochzeit zugeben, gut vermischen und nochmals ca. 5 Minuten kochen.

Es muß auf jeden Fall ein dickeres Mus entstehen, daß man gegen Ende der Kochzeit ständig umrührt, damit es nicht anbrennt. Man kann die Konsistenz prüfen, indem man einen TL davon auf einen Teller gibt. Wenn das Mus nicht mehr auseinander läuft, hat es die richtige Dicke. Ansonsten muß man es (ohne Deckel!) weiter kochen, bis es die richtige Dicke hat. Man kann das fertige Mus auch mehrere Tage in einem geschlossenen Behälter im Kühlschrank aufbewahren oder auch einfrieren. Verwendet wird es wie in den entsprechenden Rezepten beschrieben oder auch einfach als Brotaufstrich bzw. als Füllung für Pfannkuchen.

Quarkfüllung

Diese Quarkfüllung eignet sich besonders gut zum Füllen von Kipfeln oder Quarktaschen. Die Füllung für den süßen Strudel ist etwas anders, da dort noch Eischnee untergehoben wird, was sich hier nicht anbietet, damit die Füllung nicht zu voluminös wird.

2	rohe Eigelb	in eine Schüssel geben.
50g	Zucker	in die Schüssel geben.
500g	Quark	in die Schüssel geben und mit einem Schneebesen alles gut vermischen. Der Quark sollte cremig sein. Bei Bedarf etwas Milch zugeben (z.B. bei Magerquark)..
50g	Rosinen	zum Quark geben.
½	Zitrone	auspressen und den Saft zum Quark geben. Ist die Schale unbehandelt, raspelt man noch die Schale mit einer sehr feinen Reibe in den Quark. Alle Zutaten nochmals mit dem Schneebesen mischen.

Nußfüllung

Diese Füllung eignet sich für Strudel aus Hefeteig, gefüllte Taschen oder auch für Kipfel. Sie hat ein besonders feines Aroma, wenn man Walnüsse verwendet.

500g	fein gemahlene Nüsse	in eine Schüssel geben.
250g	Zucker	in die Schüssel geben.
¼	Liter heiße Milch	in die Schüssel geben.
200g	zerlassene Butter	in die Schüssel geben und alle Zutaten gut vermischen.

Aprikosen- oder Zwetschgenmus

Der Ausdruck "Mus" ist eigentlich nicht ganz zutreffend. Es handelt sich hierbei um den berühmten "Povidl", der in Österreich und Ungarn verbreitet und beliebt ist. Die Früchte werden nicht zermust oder püriert, sondern zerkocht und dabei eingedickt. Eine Spezialität, die nur richtig zubereitet auch richtig schmeckt!

Diese Füllung wird für verschiede Zwecke verwendet. Man kann damit Kipfel und Taschen füllen, Pfannkuchen bestreichen oder es als Brotaufstrich verwenden. Zur Herstellung nimmt man nur frische reife Früchte bester Qualität. Die fertige Füllung kann man einfrieren oder besser noch in Gläser einmachen. Dazu wird das Mus noch kochend heiß in saubere Schraubdeckelgläser gefüllt, die kurz zuvor mit kochendem Wasser ausgespült wurden. Die Deckel müssen auf jedes Glas sofort fest aufgeschraubt werden, um ein späteres Schimmeln zu verhindern.

1kg	frische Aprikosen oder Zwetschgen	entsteinen und in einen Topf geben.
1 TL	gemahlenen Zimt	in den Topf geben. Jedoch nur für Zwetschgen. Bei Aprikosen keinen Zimt zugeben!
100g	Zucker	in den Topf geben und die Früchte ca. 1-2 Stunden auf kleinster Flamme kochen. Dabei immer wieder umrühren, um ein anbrennen zu verhindern!

Es muß auf jeden Fall ein dickeres Mus entstehen. Man kann die Konsistenz prüfen, indem man einen TL davon auf einen Teller gibt. Wenn das Mus nicht mehr auseinander läuft, hat es die richtige Dicke. Ansonsten muß man es (ohne Deckel!) weiter kochen, bis es die richtige Konsistenz hat.

Einfacher ist es, wenn man die Zutaten auf einem großen flachen Backblech verteilt und im Backrohr ca. 2-3 Stunden eindickt. Die Gefahr des Anbrennes ist dabei wesentlich geringer. Verwendet wird es wie in den entsprechenden Rezepten beschrieben.

Cremeschnitten

Etwas Unvergleichliches sind diese Cremeschnitten nach einem Rezept von
Frau Lydia Kröninger. Auf ungarisch werden sie "Cremes" genannt. Man kann
sie zu jeder Gelegenheit servieren. Als Nachtisch oder zum Kaffee sind sie
gleichermaßen beliebt! Zur Zubereitung braucht man zwei Lagen Blätterteig,
die zuerst gebacken werden und zwischen die dann nach dem Erkalten die
Cremefüllung kommt. Hier ist ein Rezept für Blätterteig angegeben. Man kann
jedoch auch auf fertigen Blätterteig aus der Tiefkühltruhe zurückgreifen.

Blätterteig

Die Zubereitung ist aufwendig, aber früher gab es nun mal keine Tiefkühlware. Deshalb war eine Speise mit Blätterteig immer etwas Besonderes!
Der Blätterteig entsteht, indem man zwei verschiedene Sorten Teig übereinander legt, immer wieder ausrollt und erneut übereinanderschlägt. So entstehen
die verschiedenen feinen Teiglagen. Man verwendet dazu einen Strudelteig und
einen sogenannten Schmerteig. Beide Teige werden zuerst separat zubereitet.

Strudelteig

450g	Mehl	in eine Schüssel geben.
1	Prise Salz	in die Schüssel geben.
2	Eigelb	in die Schüssel geben.
50g	Zucker	in die Schüssel geben.
3 EL	Essig	in die Schüssel geben.
¼	Liter Wasser	in die Schüssel geben und aus allen Zutaten einen festen, glatten Teig kneten. Den Teig auf ein bemehltes Brett legen, eine erwärmte Schüssel darüber legen und ½ Stunde ruhen lassen.

Der Strudelteig wird nach dem Ruhen auf einem mit Mehl bestreuten
Küchentuch, oder einem älterem Tischtuch, dünn ausgerollt Mit bemehlten
Handrücken greift man dann unter den Teig und zieht ihn so dünn wie möglich
aus.

Schmerteig

500g Margarine oder Butter	in eine Schüssel geben.
250g Mehl	in die Schüssel geben und mit der Margarine gut verkneten.

Der fertige Schmerteig wird auf den Strudelteig gelegt und darauf ausgerollt. Danach schlägt man zuerst die rechte Seite bis zur Mitte, dann die linke Seite bis zur Mitte, die obere Seite und dann die untere Seite jeweils bis zur Mitte. Als nächstes wird der Teig ca. 1 Stunde lang im Kühlschrank kühl gestellt. Der Vorgang des Ausrollens und anschließenden Einschlagens, sowie Kühlen des Teigs, wird dann noch dreimal wiederholt. Beim letztenmal wird dann der ausgerollte Teig halbiert, und jede Hälfte auf ein Backblech gelegt. Im vorgeheizten Backofen werden die Blätterteigstücke dann ca. 20 Minuten bei 200°C gebacken. Vor dem Backen werden sie mit einer Gabel mehrmals angestochen. Es ist außerdem günstig, wenn man eines der Teigstücke in einem Blech bäckt, das höhere Ränder hat. In diesem Blech kann man dann die Cremeschnitten fertigstellen.

Cremefüllung

¾ l Milch	in einen Kochtopf gießen.
270g Zucker	zur Milch in den Topf geben.
20g Vanillezucker	zur Milch in den Topf geben.
5 Eigelb	zur Milch in den Topf geben und unter häufigem Rühren zum Kochen bringen.
¼ l Milch	in eine kleine Schüssel gießen.
2 Päckchen Vanillepudding	in die Schüssel geben und verrühren. Die Mischung wird dann mit einem Schneebesen in die kochende Milch gerührt..
5 Eiklar	zu einem steifen Schnee schlagen und unter die heiße Puddingmasse heben. Die Masse wird dann sofort gleichmäßig auf der ersten Lage Blätterteig verteilt und 1 Stunde kaltgestellt.
400g Sahne (2 Becher)	steifschlagen und auf der Puddingmasse verteilen. Danach wird die zweite Blätterteigschicht aufgelegt.

Vor dem Servieren werden die Cremeschnitten am besten mit einem Elektromesser portioniert und mit Puderzucker bestäubt.

Einige Worte des Dankes

Ich bedanke mich ganz besonders herzlich bei allen, die mich bei der Erstellung dieses Buches unterstützt haben:

Dem Verein der Donauschwaben in Mosbach / Baden danke ich für etliche Rezepte und Ratschläge, insbesondere Herrn Anton Kindtner und Herrn Hans Kröninger.

Frau Bianca Cheianu-Popescu danke ich für die meisten Rezepte mit rumänischem Ursprung.

Meiner Tochter Susanne De Wille danke ich für die Kohlezeichnungen, die sie für dieses Buch angefertigt hat.

Meiner Tochter Tabea De Wille danke ich für das Korrekturlesen.

Eberhard De Wille im September 2000

Lightning Source UK Ltd.
Milton Keynes UK
UKHW010910080223
416610UK00014B/1501

9 783831 112760